Oser l'espérance

ISBN : 978-2-87356-543-5

Dépôt légal : D.2012, 4323.18

Maquette : Isabelle de Senilhes (couverture),
Jean-Marie Schwartz (intérieur)

Mise en page : Jean-Marie Schwartz

Avant-propos

De tous ses regards, le vivant perçoit « l'ouvert »
Rilke, *Huitième Élégie*

L'ESPÉRANCE finira-t-elle désabusée comme ces vieux slogans dont on se moque ? L'air serait-il à nouveau au fatalisme, à la « force du destin » contre lequel les pauvres humains sont des jouets impuissants qui finissent résignés ? Notion judéo-chrétienne par excellence, l'espérance connaîtrait-elle le même destin que le christianisme qui l'a portée pendant deux mille ans ?

Tous les sept ans, la statue de Notre-Dame de la Sarte à Huy, sur la Meuse, en Belgique, descend de sa colline pour être accueillie par les autorités religieuses et politiques de la ville, reposer dans la collégiale et faire le tour des quartiers, des hôpitaux, des écoles et des paroisses, « descentes sur le terrain » de la Vierge qu'on appelle là-bas ses « Visitations ». L'origine de cette dévotion remonte à l'année 1656 quand les habitants de Huy connurent une sécheresse dramatique qui fit mander au secours l'intercession de la Vierge. À peine la statue fut-elle replacée à La Sarte qu'un orage éclata, gros de pluies abondantes qui durèrent une quinzaine de jours...

Le climat belge étant ce qu'il est et ce, malgré la menace d'un réchauffement climatique, on ne prie plus beaucoup Notre-Dame pour faire pleuvoir (le soleil est davantage prié d'apparaître...). Pourtant, notre époque connaît une forme de sécheresse bien plus grave que celle qui menace les récoltes : l'assèchement du désir, de l'élan vital, d'une force ouvrant des possibles, d'un horizon commun engageant l'avenir. Aussi, les chrétiens de Huy continuent-ils à inviter Notre-Dame à descendre chez eux car n'est-elle pas la figure de tous ceux qui ont cru que « rien n'est impossible à Dieu » (Luc *1*, 37) ? N'est-ce pas Marie qui fait la « visitation » de sa cousine Élisabeth, « elle qu'on appelait la stérile » (Luc *1*, 36), laquelle sentit son enfant « bondir dans son sein » (Luc *1*, 41) ? Aujourd'hui encore, de nombreuses personnes éprouvent de la lassitude et du découragement, ne constatent aucune amélioration de leurs conditions de vie, s'inquiètent de la montée de la peur et du rejet, s'interrogent sur l'avenir — s'il y en a un — de leurs enfants. Quelle visitation de parole fera « bondir » nos prochaines naissances, l'enfant de la promesse qui dort dans nos entrailles, attendant de remplir le monde de son désir de vie ?

Une prédication ne peut être qu'une parole adressée à un vivant de chair et d'os, d'esprit aussi. Il faut que l'autre existe, dans toute son épaisseur psycho-émotionnelle pour que la parole ne manque pas sa cible ou ne s'anémie en verbiage creux, en bondieuseries insignifiantes. D'où le risque de mettre par écrit ce que la voix, seule, fait entendre quand le miracle se reproduit : des visages deviennent des oreilles et accueillent la parole. Et le prédicateur lui-même doit être le premier — même si c'est pour débusquer ses propres surdités — une grande oreille ouverte à l'inouï. Ces visages-oreilles ont été au rendez-vous de Notre-Dame lors des Septennales de l'année 2012. Mais puisque le travail de la parole est celui du labour, certains ont émis le souhait qu'elle puisse poursuivre son labeur chez ceux qui étaient présents et aussi chez ceux qui n'ont pas eu cette grâce... Comme la Meuse a trouvé son lit pour mieux s'écouler vers l'amont (sans perdre sa source), la parole trouve dans le lit du texte de quoi gagner l'embouchure de la vie. Nous espérons que les méditations qui suivent conserveront la « sonorité » singulière qui fut la leur quand elles furent adressées sous les voûtes de la collégiale de Huy.

Si l'espérance nous était confiée

Fr. Dominique Collin, o.p.

Évangile de Marc *16*, 14-20

> *Jésus se manifesta aux Onze, alors qu'ils étaient à table, et il leur reprocha leur incrédulité et la dureté de leur cœur, parce qu'ils n'avaient pas cru ceux qui l'avaient vu ressuscité. Et il leur dit : « Allez par le monde entier, proclamez l'Évangile à toutes les créatures. Celui qui croira et sera baptisé sera sauvé, celui qui ne croira pas sera condamné. Et voici les signes qui accompagneront ceux qui auront cru : en mon nom, ils chasseront les démons, ils parleront des langues nouvelles, ils prendront dans leurs mains des serpents, et s'ils boivent quelque poison mortel, cela ne leur fera aucun mal ; ils imposeront les mains aux malades, et ceux-ci seront guéris. » Donc le Seigneur Jésus, après leur avoir parlé, fut enlevé au ciel et s'assit à la droite de Dieu. Quant à eux, ils partirent prêcher partout : le Seigneur agissait avec eux et confirmait la Parole par les signes qui l'accompagnaient.*

Crise, ce petit mot est désormais sur toutes les langues. Économique, financière, sociale, elle engendre de la crainte face à un avenir qui paraît de plus en plus sombre et bouché. Les « Trente glorieuses » paraissent bien loin quand l'Occident croyait en son progrès et voyait venir un monde meilleur né des décombres de la seconde guerre mondiale. Las, cet optimisme semble être bien retombé et le XXIe siècle, enfanté par la tragédie du 11 septembre 2001, n'annonce rien de bon : multiplication des conflits et des violences, montée des fondamentalismes et des nationalismes, fragilisation du vivre ensemble et du modèle démocratique, récession économique qui engendre de la précarité, détérioration grave de l'environnement et gaspillage des ressources naturelles, etc. Bref, le monde n'est pas rose, il vire du gris au noir. Le moral des gens en prend un coup : la maladie s'appelle aujourd'hui la dépression, le *burn-out*, le stress et les troubles du sommeil. Nos sociétés dites d'abondance (jamais dans l'histoire nous n'avons connu un tel niveau de sécurité et d'approvisionnement en toutes sortes de biens) connaissent la morosité, se plaignent pour un rien.

Face à toutes ces difficultés de plus en plus complexes et interdépendantes, monte un sentiment de résignation, voire d'indifférence. À quoi bon ? Le militantisme paraît anesthésié, du moins par rapport à ce qu'il représentait les décennies précédentes. Chacun essaie de « sauver sa peau », d'améliorer son « pouvoir d'achat », de rester performant dans une société qui exige beaucoup de ses travailleurs. Pour oublier, on se divertit, la société du spectacle bat son plein. « Du pain et des jeux » n'est pas une formule antique, elle connaît aujourd'hui un développement que n'auraient pu imaginer les Romains. L'instant est devenu le seul horizon de la vie et, si le bonheur n'est plus une affaire de temps et de projet de vie, il s'achète en jouissances instantanées mais qui se payent chères en addictions et en... antidépresseurs. D'autres réagissent en annonçant les pires catastrophes (et on peut se demander si ces prophètes de malheur ne trouvent pas un malin plaisir à la vue de ce qui va mal...). Que ce soit l'indifférence ou le cynisme, la résignation ou le catastrophisme ou la fuite dans la jouissance, toutes ces attitudes peinent à envisager un avenir, la possibilité du neuf, d'un changement.

Bref, l'espérance n'est pas à l'ordre du jour.

Et les chrétiens ? Sont-ils logés à meilleure enseigne ? On pourrait le croire ou… l'espérer mais, le plus souvent, ils affrontent une autre crise : celle de la foi et de l'appartenance à l'Église. Lente et inexorable érosion de la pratique religieuse, diminution constante du nombre de prêtres, de religieux et de religieuses, perte de crédibilité de l'institution ecclésiale, tous ces facteurs ne témoignent-ils pas d'un repli de l'Église, comme une peau de chagrin ?

Existerait-il un antidote à ce poison mortel de la résignation, de l'indifférence et de la désespérance que nous inhalons quasiment tous les jours ? D'où viendrait une parole suffisamment neuve, tranchante, vive qui nous orienterait vers un *autrement* du monde ?

Cette parole, nous la connaissons (ou nous croyons la connaître) : elle s'appelle *Évangile*. C'est cette parole que le Christ nous confie comme proclamation (qui ne veut pas dire langage doctrinal, explicatif ou théorique, mais parole engagée dans les « tripes » de celui qui en atteste la vérification) « par le monde entier, à toutes les créatures » (v. 15). Comme tous les mots, celui d'Évangile risque d'être galvaudé et de ne plus faire entendre ce qu'il signifie : *eu-anggelion* (en grec, *eu* est un préfixe appelé euphorique, à comprendre dans le sens de ce qui donne du tonus), heureuse annonce, parole qui fait du bien, *parole d'encouragement*. Voilà bien ce qui manque à notre époque transie de peurs ou résignée à la catastrophe, c'est une parole qui encourage, qui « re-suscite » le courage d'exister, qui donne un élan de vie, qui imprime une force vitale. La vie, pour les humains, n'est pas seulement ce qui coule dans leurs veines et remplit leurs poumons, mais c'est aussi, et surtout, *vivre la vie*, en faire un projet, une impulsion librement choisie. Malheureusement, beaucoup de nos contemporains semblent avoir reçu un « dysangile », la contrefaçon de l'Évangile. Loin d'être une parole d'encouragement qui vise la transformation du cœur, l'Évangile a été falsifié au point d'être perçu comme son contraire : une parole de jugement et de condamnation. Par contre, l'Évangile a du style, une allure, ou de l'allant ! Que produit une « heureuse annonce » ? Plus qu'une émotion passagère de joie, une annonce de ce type crée un sentiment d'encouragement. Cela n'a rien de magique et ne règle pas automatiquement les problèmes. Mais on repart avec une parole qui donne envie de *bien* vivre la vie.

Voilà le critère d'une lecture féconde de l'Évangile : m'encourage-t-elle à aller de l'avant en dépit des difficultés ou m'accable-t-elle ? L'Évangile donne du souffle, de l'air à nos vies.

Très beau tout cela, me direz-vous, mais qu'est-ce qui garantit que cette parole d'Évangile offre « réellement » un encouragement à bien vivre ? Laissons l'Évangile de Marc nous en donner les *signes* : chasser les démons, parler des langues nouvelles, prendre sans risque des serpents et boire du poison, imposer les mains aux malades. Un signe, cela se voit ! Ce ne sont pas que des mots. Mais, attention, pour qu'un signe fasse signe, il faut qu'il soit accueilli, reçu, donc interprété. Sinon, on court le risque de tomber dans un fondamentalisme stupide et dangereux. (Il ne s'agit pas de prendre ces signes à la lettre, comme ce qui arriva dernièrement à un pasteur des Appalaches qui, mordu volontairement par un crotale, refusa de se faire soigner — en attendant le miracle ! — et mourut après dix heures d'agonie !). En linguistique, on distingue le *signe* du *signal*. Un signal est une injonction qui ne demande pas mon avis, qui ne se discute pas. L'exemple le plus clair est celui du feu rouge placé aux carrefours de nos routes. Dès qu'il se met au rouge, l'usager n'a pas le choix, il doit s'arrêter. Par contre, le rouge de la honte, le rouge d'une rose offerte à son amoureux, le rouge d'une peinture sont des signes qui demandent à être interprétés grâce à nos facultés que sont l'intelligence, l'imaginaire, la sensibilité, notre expérience de la vie et des autres. L'Évangile ne nous propose pas des signaux mais des signes qui demandent une réponse de *foi-confiance*. C'est pour contraindre à croire que les fondamentalismes ne proposent que des signaux. Le signe est vie ; le signal est mortel. Si le signal se voit, le signe, par contre, fait voir. Quand deux amis s'embrassent ou se serrent la main, leur signe mutuel fait voir l'amitié profonde qui les unit, amitié qui, du reste, est invisible en tant que telle. Seuls les signes la découvrent et l'attestent.

Cherchons maintenant à comprendre la valeur des signes qui accompagnent ceux qui deviennent *croyants* (au sens de ceux qui mettent leur confiance dans la crédibilité de la parole d'Évangile et en celui qui en témoigne : le Christ).

Ils expulseront les démons : Ce qui fait problème aux hommes n'est pas leur animalité, puisque nous sommes des animaux, mais leur propension au *démoniaque*, c'est-à-dire à l'extrême violence dont ils usent et abusent pour détruire l'humanité et la valeur que chacun est. Oui, le démoniaque est présent en chacun de nous, dans les rapports entre nous, dans les projets collectifs et même dans l'Église. Le signe de vérification de l'Évangile est d'abord et avant tout la puissance *d'expulser* (le verbe grec possède cette force) cette violence destructrice, mortifère et déshumanisante qui sommeille en nous. Il reste à créer de l'humain en l'homme. Pour ce faire, commençons par chasser le démoniaque.

Ils parleront des langues nouvelles : au matin de la Pentecôte, chacun entendait les merveilles de Dieu dans sa « langue source » (Cf. Actes des Apôtres 2, 1-13). Nul n'avait besoin de passer par l'artifice d'une langue étrangère ou — pire — morte (comme l'est devenu une certaine forme de langage religieux) pour percevoir une parole vive, originaire, maternelle. Le but n'est pas de nous apprendre des langues comme on le ferait avec un *Assimil*, mais d'apprendre à quitter la langue de bois (ou pire, dans l'Église, la langue de buis !) pour parler en vérité, avec ses entrailles, dans sa propre langue native. Et si nous, les chrétiens, retrouvions notre langue ? Non pas celle qui tente de redonner de la voix dans l'espace public pour regagner ce qu'elle aurait perdu par la sécularisation, mais celle qui, de toute sa vigueur, invite l'humain à son renouvellement, lui fait voir les germes de nouveauté qui fleurissent déjà çà et là. Mais il nous faut accepter humblement et joyeusement que notre langue n'aura presque rien d'identitaire, qu'elle n'aura d'autre accent que celui de la passion pour l'homme, du désir de sa libération. Apprenons donc à parler la langue du don et du pardon, la langue de la bienveillance. L'Évangile est avant tout une parole qui prend bien soin de l'humain.

Ils prendront dans leurs mains des serpents : le « serpent » peut représenter tout ce qui agite conflictuellement notre psychisme, ce qui est tapi dans notre inconscient et remonte parfois, nos cauchemars d'enfant et d'adulte, les blessures que nous avons reçues de la vie et des autres et qui se remettent à saigner. Ils sont les figures des puissances qui tentent de ramener les hommes au néant. Ces serpents risquent de nous mordre et de répandre en nous le venin qui tue. Si je suis dépendant de mes pulsions, je ne suis plus libre. Le « serpent » ne cessera pas d'exister mais, en le « prenant par la main », je ne le laisse pas m'attaquer et envenimer ma vie.

S'ils boivent quelque poison mortel, cela ne leur fera aucun mal : le poison, aujourd'hui, s'appelle le nihilisme, cette terrible épidémie culturelle qui touche tous les esprits. Cette volonté de néant, qui convoite des « riens » de jouissances aussi fortes qu'elles sont éphémères, ce néant recherché se retourne contre la volonté et tue le désir. Anorexie du désir comblé par sa boulimie de consommation... Pauvre monde dans lequel nous sommes plongés mais qui ne nous atteint pas car tel est le signe de ceux qui auront cru. Le nihilisme ne croit plus en rien, ni à Dieu ni au diable, il a tout vécu et est revenu de tout, triste et désabusé. Celui qui *devient* croyant (on le devient parce que la foi n'est pas un acquis ou un bien que l'on possède mais une manière de vivre) ne peut se contenter de vivoter, il désire l'intensification de la vie en lui et autour de lui.

Ils imposeront les mains aux malades et ceux-ci s'en iront bien : Comment imposer les mains sans se rendre proche de la chair fragile ? La foi n'est pas du verbiage mais un *geste* ; elle ne se vit pas dans les hautes sphères de l'abstraction mais dans le contact de la peau. Il est heureux que le dernier signe que l'Évangile nous propose soit le moins « spirituel » qui soit ! Ou, mieux, la véritable spiritualité est celle qui se fait la plus charnelle, dans un corps à corps qui prodigue la plus profonde tendresse. Paradoxalement, peut-être, chez l'humain, la peau est ce qu'il y a de plus profond. C'est plus qu'une enveloppe ou une couche superficielle. La peau est, en effet, la surface de communion où s'éprouve en même temps la plus grande proximité comme la plus grande distance devant le mystère singulier qu'est l'autre. Souvent, la maladie est un symptôme de dysharmonie, d'une relation qui n'est pas ajustée. Poser la main, c'est rétablir le contact dans le plus grand respect et dans la plus haute tendresse. L'Évangile ne dit pas que ceux à qui nous imposerons les mains seront guéris, miraculeusement ou par magie, mais qu'ils « s'en iront bien », c'est-à-dire qu'ils pourront reprendre leur chemin, relancés dans la vie, invités à s'ouvrir à l'événement que, souvent, la maladie rend opaque.

Quand la Parole est confirmée par des signes, Jésus peut se retirer. Il y a désormais collaboration, *synergie*, entre Jésus, qui n'est plus là, et l'homme, qui atteste de la vérité d'un autre monde. Comme lui et avec lui, désormais, nous pouvons relever la puissance de courage d'être (que la Bible appelle la foi) présente dans chaque homme, proclamer l'avènement de la tendresse dans la chair vulnérable et affectée, prendre soin les uns des autres et raconter par nos vies l'événement de ce Royaume mystérieux qui croît dans le cœur de tout homme.

Semer l'espérance

Fr. Dominique Collin, o.p.

Évangile de Marc 4, 1-9

De nouveau, Jésus se mit à enseigner au bord de la mer. Une foule se rassemble près de lui, si nombreuse qu'il monte s'asseoir dans une barque, sur la mer. Toute la foule était à terre face à la mer. Et il leur enseignait beaucoup de choses en paraboles. Il leur disait dans son enseignement : « Écoutez. Voici que le semeur est sorti pour semer. Or, comme il semait, du grain est tombé au bord du chemin ; les oiseaux sont venus et ont tout mangé. Il en est aussi tombé dans un endroit pierreux, où il n'y avait pas beaucoup de terre ; il a aussitôt levé parce qu'il n'avait pas de terre en profondeur ; quand le soleil fut monté, il a été brûlé et, faute de racines, il a séché. Il en est aussi tombé dans les épines ; les épines ont monté, elles l'ont étouffé, et il n'a pas donné de fruit. D'autres grains sont tombés dans la bonne terre et, montant et se développant, ils donnaient du fruit, et ils ont rapporté trente pour un, soixante pour un, cent pour un. » Et Jésus disait : « Qui a des oreilles pour entendre, qu'il entende ! »

Espérer, oui ! Mais voici le temps de l'échec, de la déconfiture, des projets ratés et avortés, des conséquences désastreuses ou nuisibles. La bérézina. Rien ne se passe comme nous le voulions. Ou, tout simplement, la retombée de nos idéaux, de nos rêves et de nos projets. C'est l'échec insidieux de tous les jours. Voici quelques exemples.

Lorsqu'on pense avoir trouvé l'homme ou la femme de sa vie, après la passion des premiers temps vient l'érosion des sentiments : avec l'âge, le caractère ne s'améliore pas et les petits défauts restent présents. L'habitude installe également sa routine.

Lorsqu'on adhère, plein d'enthousiasme, à un parti politique pour défendre des valeurs et changer les choses, au bout de quelque temps, on y découvre aussi des choses opaques, des pratiques politiciennes en contradiction avec les valeurs affirmées.

Cette « loi de retombement » (comme le disait un philosophe, « pesanteur » qui nous fait redescendre de l'idéal à son « échec » dans sa réalisation concrète) nous fait mal car elle plombe nos aspirations à la réussite et au bonheur. Le bonheur serait-il, en fin de compte, condamné à l'échec ? Est-il possible de traverser l'échec ? Comment retrouver le goût de la fécondité et de l'espérance ?

La parabole est le genre de la parole quand elle se fait *promesse* et *scénario* inédit de vie afin que nos échecs soient traversés en vue d'une fécondité. C'est une histoire plutôt qu'un texte savant. Telles sont les paraboles racontées par les Évangiles (et non pas expliquées ; elles sont des signes et non des signaux) où les images deviennent métaphores, invitations à se déplacer, appels à considérer qu'une autre intrigue est possible, qu'une brèche est ouverte. La Parabole reste (et doit demeurer) déroutante : elle n'a pas vocation à rétrécir la réalité, mais à la dilater, à nous déporter en direction d'un avenir possible. La parabole signifie étymologiquement « jeter à côté de », comme le geste du semeur qui tire de son manteau la semence et la répand autour de lui. Il existe donc une très grande proximité entre le fait de semer et celui de parler en paraboles : le semeur « parabolise » comme celui qui raconte des paraboles « sème ». Il n'est donc pas étonnant que la première des quelques paraboles qui nous soit rapportée dans l'Évangile de Marc soit précisément celle du semeur. Comment s'y prend-elle pour nous « jeter à côté de » nos ornières afin de nous orienter vers de nouvelles possibilités d'existence ?

La version de la parabole du semeur chez Marc se focalise sur la capacité d'écoute. Absent de la version de Matthieu, l'impératif « Écoutez » précède l'histoire racontée par Jésus et celle-ci se conclut par : « Qui a des oreilles pour entendre, qu'il entende ! » Fondamentalement, le style parabolique a pour objectif d'ouvrir nos oreilles si souvent bouchées ou obstruées. Devenir un être vivant, selon la Bible, c'est avoir les yeux et les oreilles ouverts, capables d'accueillir les signes de la nouveauté du Royaume de Dieu qui est — rappelons-le — la métaphore du renouvellement de notre monde. Une espérance active commence par décrasser nos oreilles pour mieux guérir notre *sclérocardie* intérieure (la sclérocardie est la maladie de l'endurcissement du cœur, siège central, dans la Bible, de l'intelligence, de la volonté, du désir et de l'affectivité). La sclérocardie tue l'espérance car elle ne voit plus rien de bon ; un cœur anesthésié n'envisage plus la vie comme un don à accueillir. L'écoute est fondamentale pour « sortir » de l'échec, car elle permet d'être remis en question, d'être dérouté de ses propres conformismes de pensée. Elle défie nos visions des choses pour nous aider à adopter un autre point de vue. Un nouvel état d'esprit. Écoutons donc le changement de mentalité qu'ouvre pour nous cette parabole.

L'aventure du grain semé va connaître trois scénarios d'échec pour un de réussite. Merveilleuse lucidité de l'Évangile qui n'évacue pas la réalité de l'échec dans nos vies, ce que, bien souvent, nous faisons mine de ne pas vouloir voir. Le problème, c'est qu'ignorer l'échec, c'est s'empêcher de le traverser ou de découvrir des chemins de traverse. La parabole, c'est *l'itinéraire bis* pour éviter les embouteillages de l'existence !

D'où viennent, le plus souvent, nos expériences d'échec ? De notre obsession pour le bonheur que nous attendons comme résultat. Ce résultat est rarement à la hauteur de nos attentes que nous le considérons comme un échec. Le découragement à atteindre le bonheur est une des premières causes de nos stérilités.

C'est comme un enseignant qui rentre chez lui tous les soirs en se disant : « Mes élèves ne m'écoutent pas. Ce que j'essaie de leur transmettre ne les intéresse pas. Ils s'en contrefichent ! » Il expérimente le scénario de l'échec dans la réception de sa parole. Il peut ainsi avoir la tentation de dire : « Et bien puisque je suis titularisé, je me contente désormais du minimum professionnel ! »

C'est comme un prêtre qui constate, un peu dépité, la baisse constante des pratiquants dans ses paroisses tandis que la moyenne d'âge ne cesse de monter. Le découragement, la fatigue et la lassitude ne sont pas loin.

Comment tenir ? Comment ne pas perdre son élan vital ? Surtout si l'on fonctionne avec la logique de la rentabilité et de la performance ! Plus la société nous dit d'être rentables, plus on nous demande d'être au top, plus nous devenons exténués par cette surenchère de la réussite. Comment ce mari qui revient de son travail où on lui a demandé toujours plus et dans des délais de plus en plus courts, va-t-il retrouver son épouse et ses enfants ? Devra-t-il, là aussi, être au top comme époux et comme père ? Aura-t-il seulement envie de prendre le temps de l'échange et de l'écoute, de ces petites attentions gratuites qui font du bien ?

La question qui nous est posée est : Qu'est-ce que réussir sa vie ? Quelle qualité de vie souhaitons-nous ? Un nombre croissant de livres nous donnent des techniques pour réussir dans tous les domaines. Des spiritualités essaient d'adoucir nos contraintes de production, d'apaiser tout le stress engendré par la nécessité de la performance. Mais sans changer réellement notre rapport à la vie. *Pour quoi* vivons-nous ? En vue de quoi ?

Le Semeur de la parabole ne fonctionne pas avec notre logique habituelle de résultat. S'il était un semeur efficace, il jetterait sa semence à l'endroit prévu pour que le grain ait des chances de pousser. Si je veux des salades dans mon jardin, j'ai intérêt à les semer là où elles auront la possibilité de pousser. C'est logique. Et bien, le semeur ne fonctionne pas selon cette évidence. Il en met partout ! Il jette la semence partout : au bord du chemin, sur le sol pierreux, dans les ronces et, aussi, dans la bonne terre ! Il croit, il espère en la possible fécondité de la graine : qui sait si une seule graine tombait dans le bon humus et faisait monter une tige, puis une plante et, enfin, du fruit ? Par contre, dans la recherche de la rentabilité et du résultat, si l'échec advient, je suis tenté de moins semer la fois suivante.

Trois scénarios d'échec de la graine semée n'arrête pas l'espérance du semeur : peut-être que l'une d'entre elles connaîtra une autre destinée. C'est possible. L'échec voudrait nous contraindre à baisser les bras, à tout laisser tomber. Il pourrait aussi nous faire croire que c'est notre faute — nous ne serions pas performants — ou que c'est bien sûr la faute des autres : mon conjoint, mon collègue, les politiciens, la vie, Dieu.

Deux logiques se font face : celle de la performance et celle de la fécondité. Laquelle choisis-tu ? Quelle est celle qui donnera à ta vie un élan nouveau et, surtout, des fruits ? Porter des fruits, n'est-ce pas là le signe d'une vie réussie. Tu ne les cueilleras qu'à la *démesure* de tes essaimages. Sème sans craindre les recoins stériles chez toi et les autres. Qui sait, peut-être qu'une graine, parfois une seule, tombera bien et produira son fruit.

Nous croyons que le bonheur est une réalité extérieure à nous-mêmes et qu'il est accordé aux plus chanceux ou à ceux qui savent quoi faire pour l'obtenir. Tout ce qui nous arrive fait donc monter ou descendre le curseur de notre idée de bonheur. Mais si le bonheur était une disposition intérieure que chacun peut faire grandir en semant ce qu'il a déjà reçu à titre de graines. Tu te plains que les autres ne te sourient pas, sème-leur une graine de sourire. Tu constates que les gens sont de moins en moins serviables et tu recommences à stigmatiser notre société individualiste, sème une graine de service. Ton mari ne t'écoute pas, sème une graine d'écoute. Une graine, pas l'arbre. Tu ne t'en sens pas capable ? Une graine suffira. Tu verras, peut-être, qu'une seule d'entre elles récoltera un sourire en échange, une écoute, un pardon, une amitié. Si tu attends tout des autres, tu seras peut-être déçu voire amer. Si tu sèmes comme le semeur, tu ne seras pas au bout de tes surprises !

Au lieu de nous focaliser sur ce que nous ne recevons pas ou ne réussissons pas, demandons-nous si nos stratégies de vie n'envisagent pas trop rapidement la récolte avant les semailles ?

Ainsi, vivre, c'est semer dans l'espérance : qui sait si ce qui est petit, insignifiant, ce qui meurt (et fait mourir comme l'échec ou la faute) n'annonce pas une fécondité, une naissance, un renouveau ?

Comme le semeur (et à l'image de Dieu qui ne cesse d'essaimer dans nos vies), nous sommes invités à semer la vie, l'amour et l'espérance. « Le matin, sème ton grain et le soir, ne laisse pas ta main inactive car de deux choses tu ne sais pas celle qui réussira » (Livre de l'Ecclésiaste *XI*, 6). Chaque matin, nous recevons de Dieu un petit sac de graines qui contient des semences utiles à la croissance de nos vies : graines d'amitié et de fraternité, graines de douceur et de tendresse, graines d'écoute et de dialogue, graines de pardon et de paix, graines de sourire et de jovialité… Semons-les généreusement, sans nous lasser.

Sème-les dans toutes tes rencontres mais n'oublie pas d'en semer une pour toi aussi. Parfois, des chrétiens pratiquent une charité qui se sacrifie : tout pour les autres mais rien pour soi. Or, la promesse de la fécondité est pour toi aussi : la graine de sourire te fera du bien dans les moments de colère, la graine d'écoute quand tu ne veux plus rien entendre, la graine de douceur quand tu es dur avec toi-même.

À partir d'aujourd'hui, répandons, de nos mains ouvertes, nos petites graines. Toutes nos relations en seront transformées. Certains se demanderont comment nous sommes devenus si fructueux et féconds.

Espérer contre toute désespérance

Fr. Dominique Collin, o.p.

Évangile de Matthieu *13*, 24-30

> *Jésus leur proposa une autre parabole : « Il en va du Royaume des cieux comme d'un homme qui a semé du bon grain dans son champ. Pendant que les gens dormaient, son ennemi est venu ; par-dessus, il a semé de l'ivraie en plein milieu du blé et il s'en est allé. Quand l'herbe eut poussé et produit l'épi, alors apparut aussi l'ivraie. Les serviteurs du maître de maison vinrent lui dire : « Seigneur, n'est-ce pas du bon grain que tu as semé dans ton champ ? D'où vient donc qu'il s'y trouve de l'ivraie ? » Il leur dit : « C'est un ennemi qui a fait cela. » Les serviteurs lui disent : « Alors, veux-tu que nous allions la ramasser ? — Non, dit-il, de peur qu'en ramassant l'ivraie vous ne déraciniez le blé avec elle. Laissez l'un et l'autre croître ensemble jusqu'à la moisson, et au temps de la moisson je dirai aux moissonneurs : Ramassez d'abord l'ivraie et liez-la en bottes pour la brûler ; quant au blé, recueillez-le dans mon grenier. »*

Traverser l'échec, c'est peut-être possible, mais le mal ? La violence brutale de la maladie, de la malveillance, du malheur ? Il y a tout de même cette présence insidieuse du mal qui vient nous visiter et désigne tout ce qui nous malmène. Le français est intéressant car avec la notion de mal, il désigne tous les maux qui nous malmènent : le « malheur » (mauvaise heure), la « mal-adie », le mal-être, la mal-veillance (les autres qui nous veulent du mal ou qui nous en font)… et parfois pour certains, cela peut aller jusqu'au tragique.

Que faire dans ces situations ?

Comment garder l'espérance envers et contre tout ?

Jésus ne nous donne pas une théorie sur l'existence du mal. Le mal existe et concourt à nous plonger dans le néant, le désespoir, ultimement, le suicide. Jésus ne nous donne pas d'explications savantes mais nous révèle une manière de vivre, une forme de mentalité qui soit capable de « faire avec » le mal sans qu'il entrave notre désir de vie. Pour nous y inviter, Jésus nous raconte une histoire, une parabole.

Revoilà notre semeur, nous le voyons semer de *belles* semences dans son champ. De même, il nous faut nous rappeler que le plus beau don que nous ayons reçu est celui de la vie. Elle a été semée en nous en dépit de l'activité du mal figurée par l'ennemi qui vient semer « par-dessus la belle semence de l'ivraie » (qu'on appelle en grec de la zizanie).

L'activité nuisible de l'ennemi se fait pendant que tout le monde dort dans la maison du maître. Pour la Bible, il est bon de dormir ! Dormir fait non seulement du bien au corps et à l'esprit mais il fait du bien également à nos relations car le sommeil est une invitation à lâcher prise, à vivre dans la démaîtrise des événements et des autres. Cette image du sommeil est ambivalente et riche de sens. Si on dort trop, on risque de ne plus être très présent à la vie. Si on ne dort pas assez, cela peut être le signe d'une volonté de tout maîtriser. C'est d'ailleurs peut-être pourquoi notre société de performance et de maîtrise connaît de plus en plus des troubles liés au sommeil. On estime à plus d'un tiers de la population le nombre de personnes souffrant d'insomnie, de fatigue, de manque de récupération, etc. Dans le livre de la Genèse, on lit que Dieu a fait dormir Adam afin qu'il ne puisse prétendre aucun savoir, aucun pouvoir sur celle qui lui sera donnée comme compagne, Ève. Puis, c'est à Dieu lui-même de prendre du repos, de laisser sa création vivre à son rythme et évoluer librement. À son image, l'homme est invité à se reposer, à cesser de maîtriser pour vivre le Shabbat de la *démaîtrise* qui libère les autres de nos envies de tout prévoir et organiser.

Cette espèce de fuite du sommeil touche particulièrement les agents pastoraux : comme il y a toujours tant à faire, on ne cesse de se démener, on accumule réunions sur réunions. Peut-être y aurait-il à redécouvrir la valeur du Shabbat dans nos pastorales. Il y a bien entendu un risque : que les choses ne se passent pas comme prévues ! C'est ce qui arrive dans la parabole quand l'ennemi profite du repos du semeur pour venir endommager ses semailles.

Dans mon livre *Mettre sa vie en paraboles*, j'ai interprété cet acte de nuisance grâce aux thèses de René Girard sur la violence mimétique. On s'y référera pour de plus amples explications. En un mot, c'est parce que quelqu'un désire un objet que je me mets à désirer le même objet. Si je ne peux l'obtenir, je peux détourner ma frustration en violence et en vouloir à l'autre qui a pris « mon » bien. Je peux aussi dévaloriser l'objet que je convoitais mais que je ne peux obtenir. On critique facilement chez les autres ce qu'on convoite secrètement pour soi…

Le plus important à comprendre, c'est ceci : la racine de la violence est *en nous*… L'espérance ne peut être active que si elle commence par envisager lucidement le germe de la violence dans le cœur de l'homme et non d'abord dans les structures extérieures. Souvent, nous reprochons aux autres les guerres, la barbarie, sans nous rendre compte que ces pulsions destructrices existent en nous à titre de germes.

Le plus souvent, face au mal, nous réagissons comme les serviteurs du maître de la parabole. Nous ne voulons pas voir le mal car il s'oppose à notre logique de rentabilité. La moisson risque d'être foutue. Ce que les serviteurs voient, c'est la zizanie qui a été semée *par-dessus* le bon grain. Ils ne voient que cela et s'empêchent donc de voir que *par-dessous*, le grain n'a pas cessé d'être fécond ! Ce qu'ils veulent faire, arracher l'ivraie, représenterait une menace pour le blé. À nouveau, la parabole oppose deux logiques de vie : la première trouve naturel d'arracher les mauvaises herbes, d'extirper le mal, d'éradiquer l'hérésie, de passer au Kärcher les banlieues, etc. La seconde ne cesse d'envisager la croissance du bien et espère, en dépit de tout, la moisson.

Le Maître de la parabole a confiance dans la croissance des jeunes pousses : il voit que la plante croît, se développe. Le regard sur les choses n'est pas le même entre le Maître et ses serviteurs. Ce sont deux points de vue différents sur le même réel ! L'espérance active épouse le regard de Dieu, lui qui voit la potentialité de croissance de chacune des graines qu'il a semées. Les serviteurs, oublieux de cette potentialité, veulent s'en remettre uniquement à leur propre *pouvoir* d'arracher la mauvaise herbe. Ils constatent l'impuissance du semeur pour mieux faire appel à leur maîtrise. « Non », leur dit leur maître, « vous risquez d'anéantir tout le travail de germination et de fécondité. Laissez faire la poussée du bien ». Les serviteurs n'ont rien fait pour les semailles et quand ils se proposent de faire quelque chose, ils risquent de tout gâcher et de ruiner complètement la moisson. Nous croyons pouvoir changer les choses, améliorer le monde mais, le plus souvent, notre militantisme s'est transformé en idéologie, nos planifications en dominations, nos idéaux en violences, notre amour de la vérité en inquisition. Le zèle contre le mal est toujours dangereux. L'histoire est emplie de la violence de ceux qui, au nom du bien ou de Dieu, veulent corriger les autres...

Apprendre, non pas à ne rien faire, mais à laisser « croître ensemble » le bon grain et l'ivraie, serait-ce l'humble secret de la puissance agissante de l'espérance ? L'illusion du pouvoir humain jonche de ses échecs l'histoire humaine. Les serviteurs, et nous leur sommes si souvent identifiés, ont-ils oublié que toute graine est grosse d'une promesse qui croît en dépit de la zizanie ?

D'un côté, il y a le regard de confiance espérant la croissance du bien qui dit à quelqu'un : « Tu peux y arriver, vas-y » ; et de l'autre, il y a des gens qui disent : « Tu n'y arriveras pas » ou « Tu n'es qu'un bon à rien ! » Les jeunes savent que certaines paroles qui leur sont adressées ressemblent furieusement à l'attitude des serviteurs.

Ainsi, quand les médias parlent des jeunes, c'est pratiquement toujours en mal. Il y a des gens qui ne grandissent pas quand on leur dit toute leur jeunesse qu'ils n'y arriveront pas. Quand vous étiez enfants, était-ce les critiques (« Tu n'y arriveras pas ») ou les paroles de bien et de confiance qui vous ont fait grandir ? J'ai proposé cette parabole à des adolescents et ils entrent bien dans ce texte, car ils ont rencontré trop souvent des adultes qui ne voient que leurs défauts et leurs échecs. Dans quelle drôle de société vivons-nous pour nous permettre de plomber de nos critiques négatives l'avenir des jeunes ?

L'Église a eu, elle aussi (mais est-ce révolu ?), une tendance lourde à voir le mal partout... Or, en considérant la figure du semeur, on peut discerner, dans cette parabole, une extraordinaire théologie qu'on n'a pas toujours remarquée : Dieu ne se préoccupe pas du mal mais de la croissance du bien qu'il a semé. Dieu n'est pas l'œil obsédé par la présence du mal. Le regard de Dieu est de la plus pure bienveillance. Il ne voit que la croissance du bien car, lors de la moisson, il recueillera la zizanie pour qu'elle ne fasse plus de mal et ne se propage plus. Pourquoi vouloir nous occuper du mal puisque nous avons entendu la *promesse* : « Au temps de la moisson je dirai aux moissonneurs : Ramassez d'abord l'ivraie et liez-la en bottes pour la brûler ; quant au blé, recueillez-le dans mon grenier » (v. 30) ? Dieu connaît le mal ; il n'est pas naïf. Mais il préfère que nous lui laissions le soin de le « régler » à sa manière. Dans le temps qui est le nôtre, ne perdons pas notre énergie à le combattre, accompagnons de toutes nos forces la croissance du bien.

La parabole ne règle pas tous les problèmes de la société, car il faut des juges, des policiers et des éducateurs. Les paraboles ne sont pas des modes d'emploi tout faits. Mais ces professions ne doivent pas oublier qu'on ne juge jamais une personne mais un délit. Car deux choses ne sont pas mesurables : la liberté et la responsabilité de quelqu'un. On peut et on doit parfois condamner des gens à des peines de prison, mais on ne peut jamais réduire une personne à la zizanie qui recouvre son champ.

A-t-il jamais existé et existera-t-il jamais un humain dont Dieu ne puisse recueillir le bon grain semé par-dessous l'ivraie ? Alors, arrête d'envoyer les autres en enfer, que celui-ci existe sur terre ou ailleurs. C'est si facile d'y envoyer les autres. L'enfer, c'est pour les autres ! Dieu, lui, nous voit déjà dans sa maison…

Espérer le visage de l'autre

Fr. Dominique Collin, o.p.

Évangile de Matthieu *25*, 31-46

« Quand le Fils de l'homme viendra dans sa gloire, accompagné de tous les anges, alors il siégera sur son trône de gloire. Devant lui seront rassemblées toutes les nations, et il séparera les hommes les uns des autres, comme le berger sépare les brebis des chèvres. Il placera les brebis à sa droite et les chèvres à sa gauche. Alors le roi dira à ceux qui seront à sa droite : « Venez les bénis de mon Père, recevez en partage le Royaume qui a été préparé pour vous depuis la fondation du monde. Car j'ai eu faim et vous m'avez donné à manger ; j'ai eu soif et vous m'avez donné à boire ; j'étais un étranger et vous m'avez recueilli ; nu, et vous m'avez visité ; en prison, et vous êtes venus à moi. Alors les justes lui répondront : « Seigneur, quand nous est-il arrivé de te voir affamé et de te nourrir, assoiffé et de te donner à boire ? Quand nous est-il arrivé de te voir étranger et de te recueillir, nu et de te vêtir ? Quand nous est-il arrivé de te voir malade ou en prison, et de venir à toi ? » Et le roi leur répondra : « En vérité, je vous le déclare, chaque fois que vous l'avez fait à l'un de ces plus petits, qui sont mes frères, c'est à moi que vous l'avez fait ! » Alors il dira à ceux qui seront à sa gauche : « Allez-vous-en loin de moi, maudits, au feu éternel qui a été préparé pour le diable et pour ses anges. Car j'ai eu faim et vous ne m'avez pas donné à

manger ; j'ai eu soif et vous ne m'avez pas donné à boire ; j'étais un étranger et vous ne m'avez pas recueilli, nu, et vous ne m'avez pas vêtu ; malade et en prison, et vous ne m'avez pas visité. » Alors eux aussi répondront : « Seigneur, quand nous est-il arrivé de te voir affamé ou assoiffé, étranger ou nu, malade ou en prison, et vous ne m'avez pas visité. » Alors eux aussi répondront : « Seigneur, quand nous est-il arrivé de te voir affamé ou assoiffé, étranger ou nu, malade ou en prison, sans venir t'assister ? » Alors il leur répondra : « En vérité, je vous le déclare, chaque fois que vous ne l'avez pas fait à l'un de ces plus petits, à moi non plus vous ne l'avez pas fait. » Et ils s'en iront, ceux-ci au châtiment éternel, et les justes à la vie éternelle. »

Un des aspects les plus étonnants de notre société occidentale est le recours à la chirurgie esthétique. Il paraît qu'en dépit des difficultés économiques, cette activité lucrative ne connaît pas la crise. Pourquoi ce désir de changer de tête ? L'apparence est devenue essentielle : il faut se montrer sous son meilleur jour et capter l'attention des autres. Exister, aujourd'hui, c'est faire le beau ! C'est aussi pourquoi Facebook (le « livre des visages ») a connu un succès planétaire. Ces phénomènes montrent notre propension actuelle au narcissisme. Le risque, alors, c'est de ne plus voir le visage de l'autre. Or, le visage de l'autre nous permet de sortir de l'enfermement narcissique dans lequel nous risquons de nous retrouver piégés, comme l'a été le dieu Narcisse, noyé dans son ego. Comme l'a dit quelqu'un, *« Tout à l'ego ! »* pourrait être la devise de notre époque.

Le visage de l'autre permet de voir autrement le monde. En effet, quand le visage de quelqu'un se montre, je ne le vois pas d'abord comme une surface de peau où sont placés des yeux, un nez et une bouche, mais le visage se détache de tout ce qui tombe sous la catégorie des choses. En fait, le visage exprime le caractère exceptionnel qu'est toujours autrui. Son visage fait ressortir l'événement qu'il devient pour moi. Autrui est un *événement* et, comme tout événement, il est *imprévisible*, il offre de *l'altérité* et il *transforme* la vie.

Voilà peut-être pourquoi Jésus s'identifie au visage du plus petit. D'abord, parce qu'on risque de ne pas le voir ou de ne pas vouloir le voir. Qui sait si nous ne l'avons pas déjà réduit au rang de chose inutile, inintéressante, lui l'affamé, l'étranger, le malade, le prisonnier ? Marqué par ses vulnérabilités et ses failles, l'autre me fait peur, il m'obligerait à voir les miennes. Nous préférons, le plus souvent, les nier en niant l'autre fragile. Comme il n'y a rien d'attirant à voir dans le visage disgracieux du pauvre, de l'étranger, du malade, alors Jésus s'envisage uniquement dans ce plus petit qui est pour lui un visage connu. Nous sommes invités à passer de l'attirance à l'*attention*.

Nous préférons toujours un Dieu glorieux, à des années-lumière de la condition humaine. Au moins, là, il ne dérange pas. Il n'engage à rien. Par contre, s'il est caché dans le visage de misère de l'autre humain, alors, il m'affecte puisqu'il m'oblige à me décider : vais-je, oui ou non, *faire face* à la misère d'autrui ? Vais-je oser sortir de mon narcissisme pour prendre soin de lui, le visiter comme un frère ?

Quel est le chemin le plus court pour aller à Dieu ?

Aujourd'hui, beaucoup de produits spirituels apparaissent sur le marché. On nous vend des techniques de méditation, parce que dans un monde de plus en plus complexe, il faut rester zen, et les méthodes de spiritualité risquent de nous éloigner de la condition humaine pour nous faire aller directement à Dieu. Oui, le danger de ces méthodes est leur bouclage narcissique : aller de soi à soi en utilisant Dieu. Alors que l'Évangile révèle ceci : le plus court chemin qui va de moi vers Dieu passe par la rencontre avec le visage d'un autre humain. Dieu ne se donne à voir qu'au travers de *l'événement* qui fait irruption dans ma vie, dans l'apparition de la figure charnelle du prochain.

C'est cela l'extraordinaire *révélation* du christianisme : Dieu se reconnaît uniquement dans le visage humain. Tous les autres chemins vont nous parler d'abord de la prière et de la méditation. Mais un seul moyen prévaut pour s'assurer qu'on est bien en relation avec Dieu, c'est en établissant de bonnes relations de proximité avec les autres, des relations de tendresse.

En Belgique, l'histoire ne compte pas beaucoup de grands saints ou de grands mystiques tout comme nous n'avons pas beaucoup de médaillés olympiques ! Pourtant, il y en a un que j'aime beaucoup, c'est Jean Ruysbroeck, mystique qui vivait dans la forêt de Groenendael, au sud de Bruxelles. On le surnomme l'Admirable.

De mémoire, je me souviens d'un de ses conseils : « Imagine que tu sois en extase (prière profonde et intérieure), perdu dans l'immensité de Dieu au point que tu aies perdu pied par rapport à la réalité. Si un pauvre vient frapper à ta porte, je te conseille : descends vite de ton extase, fais chauffer du bouillon et donne-le au pauvre, car le Dieu que tu vas trouver est plus sûr que le Dieu que tu viens de quitter. » Jean Ruysbroeck ne dit pas qu'on ne trouve pas Dieu dans la prière mais qu'on peut s'illusionner dans la prière. La seule garantie, c'est de le trouver dans le visage du plus démuni.

Jésus ne dit pas : « Les justes, ce sont ceux qui viennent à la messe chaque dimanche, qui récitent leur chapelet, qui font des neuvaines. » Aucun acte religieux n'est requis.

Mais il dit que chaque fois que nous nous sommes rendus proches d'un visage altéré par la douleur, la souffrance, l'isolement, l'exclusion et le rejet, chaque fois que nous avons été proches d'un corps et d'une chair qui souffrent, alors, sans le savoir, nous avons rencontré Jésus lui-même qui s'est assimilé aux plus fragiles, à l'exclu, aux pauvres.

Il y a beaucoup de gens qui rêvent d'une Église catholique qui retrouverait sa visibilité pour avoir du poids sur la place publique et dans le marché des religions. Eh bien, toute la visibilité du Christ est désormais dans des gestes élémentaires, à portée de main et de cœur, sans exigences héroïques. Une simple visite, un vêtement, un verre d'eau, un morceau de pain, un salut à l'étranger, rien qui ne soit hors de portée de n'importe quel humain. Nous rêvons d'un monde nouveau ? Il est là, *prêt à servir*.

La parabole met en scène des gens qui ne savent pas qu'ils sont justes : « Mais Seigneur, quand nous est-il arrivé de te voir affamé et de te nourrir, assoiffé et de te donner à boire, de te voir étranger et de t'avoir accueilli, nu et de te vêtir... ? »

C'est dire que les justes ne savaient pas que chaque fois qu'ils faisaient du bien à un autre humain, ils le faisaient au Christ. Heureusement qu'ils ne le savaient pas, disait Nietzsche, pour ne pas dire qu'on aime les autres uniquement pour voir le Christ. Car il faut apprendre à les aimer pour eux-mêmes. Le visage nous révèle que chaque être humain possède une valeur « incommensurable », à l'image de Dieu lui-même.

C'est celui qui manifeste sa bienveillance pour autrui qui fait rencontrer le Christ. Le visage de l'autre, dans sa vulnérabilité, nous advient de « nulle part », comme une fulgurance, une trouée dans le cours ordinaire du temps. C'est pour cela que l'Écriture l'appelle prochain, c'est parce qu'il vient de loin et que se rapprocher de lui n'est jamais gagné. Parce que la vie dont l'autre est témoin est toujours l'éclaircie qui donne d'entrevoir un monde nouveau, un nouveau monde par rapport auquel le nôtre, de nos jours, paraît désespérément vieux et fatigué. Oui, le visage de l'autre risque de changer ma vie, de l'orienter vers du neuf. Une chance qui reste un risque tant je peux me dérober au visage, fuir son exposition, refuser de voir ma propre vulnérabilité touchée, atteinte et affectée par celle de l'autre. Ce que précisément n'ont pas voulu voir ceux qui attendaient d'identifier le Christ avant de se mettre au service de leurs frères. Comment auraient-ils pu discerner les traits du Christ dans ce qui appelle leur propre lieu de souffrance. Comment m'ajuster en vérité à l'autre si je ne descends pas moi-même dans mon terreau, quel qu'il soit ? Peut-on servir l'autre en le prenant de haut ? Le prochain me fait sortir de moi, je peux donc enfin *m'en sortir* grâce à l'autre. Pas tout seul, mais grâce à l'autre. On a beaucoup reproché à un certain christianisme sa réduction à l'horizontalité au détriment de la dimension de la verticalité. Mais le prochain n'atteste-t-il pas toujours son *excédence*, sa sortie d'un monde réduit au fonctionnel et à l'utile ? L'excès qu'est le prochain, voilà ce que Jésus révèle être sa propre présence, *incognito*, cachée dans les plis de chair du corps malade, étranger, emprisonné.

Le visage du prochain est la promesse d'un avenir : inconnu il y a un instant, il devient un compagnon de vie, étranger, il devient l'ami, spectre dans la rue, je le reconnais dorénavant comme un frère. L'événement qu'il représente transforme la vie : il y a un avant et un après. L'espérance suscitée par l'événement n'est pas de la naïveté (sauf à l'entendre dans son sens étymologique qui vient du latin *novum* qui signifie « neuf ») ou de l'utopie, mais une transformation du réel. Celui qui, hier encore, d'étranger est devenu un ami, change la vie. Désormais, il compte à nos yeux et ouvre des perspectives qui étaient encore inconnues avant.

Une des questions les plus graves, à mon sens, est celle-ci : Pourquoi le christianisme n'a-t-il pas changé la donne du monde ? Dans les camps de concentration, la majorité des victimes étaient juives, la majorité des bourreaux étaient chrétiens... Qu'est-ce qui va changer le monde ?

Jésus nous dit : « Chaque fois que tu vois quelqu'un qui a faim de bonheur, de nourriture, de dignité, de reconnaissance, si tu lui donnes du pain, de la joie, de la reconnaissance, alors, tu entres dans la *juste* relation à l'autre. » C'est une invitation à respecter les autres en les couvrant du manteau de notre tendresse.

Le péché ne désigne pas ce qu'on a *mal* fait, mais ce qu'on n'a *pas* fait de bien. Quand on a la possibilité de nourrir, de donner de l'eau, de rencontrer le visage de l'autre, si on ne le fait pas, alors, on ne rencontre pas le Christ. Apprendre à voir le visage de l'autre comme une promesse, à nous situer dans une « reliance » pleine de tendresse et de bienveillance, voilà ce qui donne de voir la présence mystérieuse de Dieu.

Le jugement se fera sur nos gestes de bonté humaine et pas sur nos appartenances religieuses. Jésus parle d'un agir qui culmine dans un acte de proximité à l'autre où il n'y a plus rien de religieux. Il n'y a pas d'autres critères qui rendent juste : être proche de celui qui souffre. Pour rien. Gratuitement.

L'espérance magnifie la vie

Fr. Dominique Collin, o.p.

Évangile de Luc *1*, 46-55

Alors, Marie dit :
« Mon âme exalte le Seigneur
et mon esprit s'est rempli d'allégresse
à cause de Dieu, mon sauveur,
parce qu'il a porté son regard sur son humble servante.
Oui, désormais, tous les générations me proclameront
| bienheureuse,
parce que le Puissant a fait pour moi de grandes choses :
saint est son Nom.
Sa bonté s'étend de génération en génération
sur ceux qui le craignent.
Il est intervenu de toute la force de son bras ;
il a dispersé les hommes à la pensée orgueilleuse ;
il a jeté les puissants à bas de leurs trônes
et il a élevé les humbles ;
les affamés, il les a comblés de biens
et les riches, il les a renvoyés les mains vides.
Il est venu en aide à Israël son serviteur
en souvenir de sa bonté,
comme il l'avait dit à nos pères,
en faveur d'Abraham et de sa descendance pour toujours. »

Il y a parmi nous, dans cette église, des hommes et des femmes qui viennent peut-être pour entendre un message d'espérance parce que celle-ci leur manque cruellement. En effet, le mal, le malheur, la maladie, la malveillance ne sont pas que des épouvantails ; de nombreuses personnes y sont confrontées. Il y a ici sans doute des personnes qui souffrent dans leur cœur, leur corps et dans leur esprit ou qui voient souffrir des proches. Tant de vies connaissent l'épreuve.

Que faire, sinon *chanter* ! Et lorsque cela va mal, il n'y a qu'une chose à faire : chanter ! L'espérance se met à chanter quand tout est désenchanté, quand on ne voit plus d'issue. Chanter est alors justement au-dessus de nos forces, et c'est tant mieux, puisqu'on ne peut plus rien faire, un avenir heureux ne semble plus en notre pouvoir. Le chant accorde sa voix à l'Inespéré. À ce qu'on n'attend plus. La souffrance fait réclamer des justifications, demande des explications aux autres, à la vie, à Dieu. Mais rien ne vient la justifier. Alors, la parole se met à chanter, sans raison et sans demander raison. Tout simplement parce qu'on ne peut se taire même si toutes les grandes souffrances sont muettes.

Le chant, c'est la seule parole qui jaillit de la bouche et du cœur chez quelqu'un qui n'en peut plus. On pense que le chant, c'est pour ceux qui sont joyeux mais ce n'est pas vrai. Le chant, c'est quand la parole ne peut plus expliquer les difficultés, ne peut plus justifier le mal, le malheur, l'échec, la maladie. C'est quand on n'a plus besoin des conseils du médecin ou des autres, c'est quand on n'en peut plus, quand cela va mal, qu'il nous faut chanter pour attraper la note de l'espérance.

Comme *bon lui chante*, l'espérance accorde « sa voix à *l'Inspiré* ». Sa « musique nous suggère une autre manière pour l'esprit de sonder cette région intérieure où chacun lutte contre le néant, l'assourdissement du bruit, la dissonance » (Dominique Lawalrée et Dominique Collin, *la Musique sacrée*, Namur, Fidélité, coll. « Que penser de... ? », 2010, p. 95).

Quand la voix commence à chanter, il y a en nous quelque chose qui se décontracte, qui se libère, et nous sentons qu'à la jointure de nos os, il y a une vie qui est étrangement en train de jaillir et de sortir. Espérer, c'est commencer par respirer, dilater ses poumons, recevoir de l'air. La gorge nouée se délie et la bouche s'ouvre au chant. Toutes ces expériences concrètes traduisent le sens du verbe hébreu *yasha* qui signifie « mettre au large », « sauver ». L'espérance commence par une expérience de délivrance. Quand on souffre, on est tétanisé et on est muet, et quand on commence à chanter en dépit du mal, même si le chant est mal assuré, truffé de fausses notes et manquant de justesse, la voix s'élève et appelle le possible dans l'impossible.

Car le chant, c'est une vie qui sort, qui se libère.

L'Église l'a bien compris, elle qui chante tous les soirs, lors de la prière des vêpres, le cantique : « Mon âme exalte le Seigneur » : cela se vit dans les communautés religieuses et, de plus en plus, dans les paroisses.

Tous les soirs, malgré les difficultés de la journée (rendez-vous chez le dentiste, dispute avec notre conjoint ou nos enfants, mésentente au bureau, etc.), l'Église dépose sur nos lèvres : « Mon âme magnifie le Seigneur. »

Ce chant, c'est l'ouverture de l'Évangile de Luc (en musique classique, il y a des *ouvertures*, mais pas de *fermetures* — image qui nous fait comprendre que rien ne se ferme définitivement). On donne la note et le chant commence, la vie s'ensuit.

Quand Marie entonne le chant par lequel commence la première annonce (Évangile), alors elle donne le ton juste à nos vies.

Désormais, si nous voulons fredonner l'air de l'Évangile, être dans le tempo du christianisme, il nous faudra chanter au Seigneur qui magnifie la vie et le cœur. Un chant qui rehausse comme on hausse le ton, un chant qui rehausse la vie.

Nous serons alors plus grands et, nos vies, magnifiées.

Un ami m'a dit il y a quelque temps des paroles que j'ai rarement entendues, parmi les plus belles qui m'aient été adressées et que je vous confie : « Tu magnifies ma vie. » *Magnifier*, « rendre plus grand, élargir, dilater ». Ce sont des mots si justes pour dire l'amour, la bienveillance, la tendresse que nous pouvons avoir les uns pour les autres. Le même ami ajoutait : « J'espère que tu pourras vivre tous les jours de ta vie ». Derrière cette lapalissade, il y a une vérité profonde : vivre tous les jours de sa vie c'est se refuser à en laisser un seul au pouvoir de la mort.

Nous sommes trop petits, rapetissés par notre peur de la vie, rétrécis. On vit parfois comme des morts-vivants. Et ce n'est pas un hasard qu'au cinéma il y ait tant d'engouement, chez les plus jeunes, pour les zombies, les vampires, les morts-vivants.

C'est parce que nous sommes dans une culture de mort où sévit la tentation de ne plus rien vouloir ou de vouloir le rien, sans désir profond, sauf le petit désir instantané qui s'évanouit aussi vite qu'il est arrivé. Et dans cette culture, il n'y a plus rien de vital à partager.

Nous risquons de devenir des humains qui avons perdu l'élan vital du cœur, qui avons perdu le désir non seulement de vivre comme des animaux qui possèdent la pulsion de vie, mais aussi de vivre une *pulsation de vie* à donner à l'autre qui lui redonne sa véritable grandeur.

Certains continuent peut-être à croire que le christianisme nous a dit trop longtemps qu'il faut rester petits, et cela a fait beaucoup de mal dans les consciences et les vies. On nous a tellement dit d'être humbles pour lutter contre l'orgueil en annihilant la vie, en s'empêchant de désirer, de prendre du plaisir, de vivre la vraie vie ! Quelle hérésie !

« Il a élevé les humbles. » La seule grandeur, c'est l'humilité. Si nous voulons être grands, soyons humbles. L'humilité, comme l'étymologie l'indique, désigne le terreau (*humus*). Il faut être enraciné dans son humus ; et plus on est enraciné dans son humus, plus nos branches vont se dilater et s'agrandir (parabole du grain de sénevé et de la moutarde). Nous avons à devenir pleinement ce que nous sommes, dans le terreau qui nous a été donné.

Le Magnificat nous chante : « Si tu veux être ce que tu es, ne regarde pas l'herbe de ton voisin qui paraît toujours plus verte, mais regarde ton humus, ton terreau. Plonge-toi dedans, enracine-toi et tu verras que ta grandeur ne s'oppose pas à celle des autres.

Elle amplifie au contraire. Ta croissance sera le lieu de ta vraie grandeur. Magnifie la vie ! »

Si nous pouvions avoir dans nos paroles, nos gestes, nos attitudes, de quoi rendre les autres plus grands, on aurait des vies plus accomplies, des relations plus riches et généreuses, moins de peur, moins de lâcheté, moins de violence, moins d'envie.

Pour cela, il faut un retournement du monde !

Le chant que Marie entonne, le Magnificat, est une belle prière mais elle est surtout un cantique dangereux, un des plus subversifs de tout le Nouveau Testament. Il y a dans ce texte une force subversive et dérangeante. On ne dit bien ce cantique que quand on le chante à voix haute et à hauteur de vie, sinon on l'aplatit.

Au temps de la dictature en Argentine, une commission liturgique avait fait biffer certains versets du Magnificat, ceux où il est dit que Dieu allait jeter les puissants de leur trône. Trop déstabilisant ! C'est aussi ce que nous avons fait avec notre christianisme. Inconsciemment sans doute, et consciemment aussi.

Ma crainte, c'est de constater que nous avons tout fait pour plonger l'Évangile dans du formol en le rendant inodore, incolore, indolore et insipide. Et on l'a fait en partie consciemment, car tenir la note subversive de Jésus de Nazareth telle que chantée dans le Magnificat aurait conduit à une telle force subversive et explosive que les choses auraient dû changer !

Mais pour que les choses ne changent pas, pour qu'elles rentrent dans l'ordre, rien de tel qu'une religion. Les religions font tout pour mettre de l'ordre, pour que rien ne dérange. Quand j'entends, je lis, je vois que le christianisme, et particulièrement le catholicisme essaient de redevenir une petite officine où on vend les valeurs de toujours, celles de l'ordre, de la morale bourgeoise et du « on a toujours fait comme ça », alors je me replonge dans la force explosive de l'Évangile ! « Il faudrait que les chrétiens me chantent des chansons meilleurs pour que je croie en leur sauveur », disait Nietzsche.

Si l'Église est le lieu où s'entend ce chant subversif du Magnificat, alors nos vies pourront chanter un autre air que celui que nous entendons à longueur de journée. Les Béatitudes deviendront la *partition* de nos vies. Alors le christianisme redeviendra chantant et entraînant.

« Il a jeté les puissants à bas de leurs trônes et il a élevé les humbles. » Aujourd'hui, les puissants, ce sont les puissances de domination et d'aliénation, d'autant plus puissantes qu'elles sont, le plus souvent, anonymes. Il est plus facile d'abattre un dictateur qui a un visage qu'une dictature invisible. Max Weber disait que le capitalisme est un système d'esclavage sans maître. Il est indiscernable et invisible ; et ce ne sont pas seulement quelques banquiers de Wall Street qui asphyxient l'humain, c'est tout un système qui est en train d'asservir l'homme à une logique de consommation et d'envie alors que la structure de l'humain est celle de la relation et de la vie.

La puissance de l'Évangile nous dit aujourd'hui d'inverser, de retourner les valeurs ; que le monde ne peut continuer tel qu'il est, que nous ne pouvons plus, comme chrétiens, être complices du néolibéralisme. Car Dieu a fait un choix : celui des petits, des plus fragilisés dans ce système de puissance, et cela depuis les prophètes de l'Ancien Testament jusqu'à ce chant du Magnificat ; celui de l'humain surtout quand il est dans une situation de fragilité, dans l'esclavage, dans l'aliénation, dans l'addiction.

Le Magnificat deviendra-t-il notre chant de *combat* ?

Allons-nous enfin entonner *l'hymne à la joie* de l'Évangile ?

Beethoven, dans ses idéaux humanistes, nous a offert un des plus beaux hymnes à la joie et Marie nous offre ici le sommet, le plus bel hymne de l'Évangile. Nous pouvons en faire désormais notre *mélodie du bonheur* et réenchanter la vie. À nous d'en vivre l'*en-voix* !

L'espérance, pour après ?

Fr. Dominique Collin, o.p.

Évangile de Marc *12*, 18-27

Des Sadducéens viennent auprès de Jésus. Ces gens disent qu'il n'y a pas de résurrection. Ils lui posaient cette question : « Maître, Moïse a écrit pour nous : "Si un homme a un frère qui meurt en laissant une femme, mais sans laisser d'enfant, qu'il épouse la veuve et donne une descendance à son frère..." Il y avait sept frères. Le premier a pris femme et est mort sans laisser de descendance. Le second a épousé cette femme et est mort sans laisser de descendance. Le troisième également, et les sept n'ont laissé aucune descendance. Après eux tous, la femme est morte aussi. À la résurrection, quand ils ressusciteront, duquel d'entre eux sera-t-elle la femme ? » Jésus leur dit : « N'est-ce point parce que vous ne connaissez ni les Écritures ni la puissance de Dieu que vous êtes dans l'erreur ? En effet, quand on ressuscite d'entre les morts, on ne prend ni femme ni mari, mais on est comme des anges dans les cieux. Quant au fait que les morts doivent ressusciter, n'avez-vous pas lu dans le livre de Moïse, au récit du buisson ardent, comment Dieu lui a dit : "Je suis le Dieu d'Abraham, le Dieu d'Isaac et le Dieu de Jacob" ? Il n'est pas le Dieu des morts, mais des vivants. Vous êtes complètement dans l'erreur. »

Habituellement, on divise les gens entre ceux qui ont la foi et ceux qui ne l'ont pas, entre les croyants et les incroyants. Et le critère qui permet de distinguer est celui de croire ou non à la vie après la mort. Et il n'est pas rare d'entendre des croyants plaindre les athées de se refuser ce beau motif de consolation que représente à leurs yeux la croyance en un au-delà.

Personnellement, je pense que les véritables croyants sont ceux qui croient en la vie *avant* la mort. C'est là qu'il y a une nouvelle ligne de partage, de démarcation entre deux manières de vivre, intérieures à chaque être humain : vivre la vie avant de mourir ou vivre la mort avant la mort. Intensifier la vie ou la laisser se tarir. Nous rencontrons parfois de ces morts-vivants, qui oublient de vivre, qui se laissent entraîner dans des aliénations et dans des esclavages qui pompent, vampirisent et annihilent la vie. Cela désigne aussi le métro, boulot, dodo et tous les soucis liés au travail, le temps perdu dans les embouteillages, les soucis professionnels ; c'est aussi l'ordre du monde économique qui mène la vie dure aux personnes et conduit à être de moins en moins vivants.

L'enjeu de l'Évangile, je le crois, n'est pas de nous promettre une immortalité mais de nous inviter à vivre la vie tant qu'il est temps.

C'est pour moi une des pires déformations du christianisme historique : c'est d'avoir accentué pour les croyants l'option de l'au-delà avant de les inviter à envisager de vivre la vie aujourd'hui, maintenant. C'est facile de dire aux gens que les injustices, on ne les changera pas, que la misère doit rester telle qu'elle est, que le pouvoir des violents et des forts restera intact, et que le plus important, c'est de se faire des mérites pour accéder un jour dans le paradis du Bon Dieu. Le paradis, tout le monde s'en fait les images qu'il veut.

Nous sommes comme ces Sadducéens qui s'inventent un savoir sur l'au-delà. Ils ne croient d'ailleurs pas à la Résurrection mais pour piéger Jésus, ils font semblant d'y croire. D'ailleurs, que sont nos représentations du paradis sinon des projections narcissiques de nos envies ? Chacun s'imagine un paradis qui lui convient… Les Sadducéens imaginent alors l'exemple de cette femme et de ses sept maris pour demander de qui elle sera l'épouse dans la vie éternelle. Leur problème tarabiscoté finit dans l'impasse de tout savoir qu'on croit posséder.

Jésus renverse toutes ces images en leur disant : « Vous n'avez rien compris. » Les Sadducéens sont pris en défaut d'une double ignorance : celle des Écritures et celle de ce dont Dieu est capable. Et si vous ouvrez le texte des Écritures, vous allez entendre quelque chose d'extraordinaire, de « soufflant » : quand Dieu se présente, quand il se nomme, il dit être le « Dieu d'Abraham, d'Isaac et de Jacob ». Dieu n'a pas d'autres mots pour se nommer lui-même que de se dire en lien avec un humain : le Dieu d'Abraham, d'Isaac, de Jacob, comme si Dieu ne pouvait être identifié que dans une relation avec l'un d'entre nous.

Si Dieu est le Vivant par excellence, toute relation de Dieu avec un humain inscrit à jamais celui-ci dans la vie. Quand Dieu se présente, il nous relie à lui à la suite d'Abraham, d'Isaac, de Jacob et de Jésus. Et ce lien ne peut pas mourir. Dieu est le Dieu de…, de…, et prenons conscience, peut-être pour la première fois, que notre prénom fait partie du Nom de Dieu. Dieu de Guillaume, Dieu de Sophie, Dieu de Pierre, Dieu de Zoé… Chacun est relié à Dieu. Cette « reliance », ce lien, c'est la vie. Dieu n'est pas le Dieu des « vivotants » mais des vivants. Plus qu'une simple nuance…

Voilà ce que Jésus peut dire aux Sadducéens en les interrogeant : « N'avez-vous pas reconnu en lisant ? », dit le texte littéralement. Lire l'Écriture revient à y reconnaître une parole qui s'adresse à nous, tisse un lien par lequel advient la vie. Chaque verset de l'Écriture bruisse d'une parole qui nous invite à faire confiance. Si vous lisez que Dieu est celui d'Abraham, d'Isaac et de Jacob, c'est que ces derniers ne sont donc pas morts. Ils sont vivants dans le lien et aucune représentation, aucune image, aucun savoir ne pourra jamais objectiver cela. Seule la parole que je perçois dans l'Écriture me rappelle que si Dieu parle, c'est que ça *me* parle et fait de moi un vivant, dans cette relation originaire.

Que la parole fasse vivre, voilà ce que révèle cette histoire sortie du Moyen Âge. L'empereur Frédéric II de Hohenstaufen, l'un des plus brillants esprits de l'époque, conçut une expérience terrifiante. Il voulait savoir quelle était la langue « naturelle » d'un enfant : l'hébreu ? le grec ? le latin ? une autre langue ? Pour en avoir le cœur net, Frédéric II a alors choisi six bébés et les a confiés à des nourrices qui n'avaient pas d'autres consignes que de leur donner à manger, de les changer, et de prendre soin physiquement de chacun, mais sans leur adresser la parole. Les bébés n'ont pu parler aucune langue « naturelle », car ils sont tous morts. Pourtant, tout le nécessaire pour la vie leur avait été donné sauf la chose la plus élémentaire et la plus essentielle : la parole qui appelle la confiance. Nous sommes des vivants et il faut en prendre conscience pour en vivre et sentir cela à fleur de peau.

Quand nous disons à quelqu'un l'amour et la confiance, nous employons des mots parfois bien ténus, bien fragiles et bien vulnérables par rapport à la qualité du lien que nous avons les uns avec les autres. Dieu est un Dieu personnel parce qu'il est en relation personnelle avec chacun. C'est donc un Dieu des vivants. Dieu ne se nomme pas autrement que par le prénom qu'on nous a donné et qu'on a reçu comme un *appel*.

Quel événement la première fois où nos parents nous ont appelés ! Et nos éducateurs et nos amis quand ils nous ont appelés par notre prénom : cela veut dire que quelque chose advient, qu'il y a du neuf possible et qu'un chemin est en train de se prendre. C'est une véritable reconnaissance. Si personne ne nous appelait, nous serions morts. Nous sommes appelés par un Dieu et par les autres.

Qu'est-ce que vivre pour un humain ? Devenir un consommateur abruti ou nous rappeler les uns les autres à la vie par une parole qui encourage et fait grandir ?

Et on comprend la souffrance de ceux qui, dans cette assemblée ou ailleurs, n'ont pas été appelés ou n'en n'ont pas conscience.

À Strasbourg, lorsque j'étais au noviciat des Dominicains, on nous demandait de prester un service pastoral. Je me rendais ainsi à l'hôpital civil de la ville et je passais de lit en lit pour visiter les malades. Ceux-ci me parlaient rarement de leurs problèmes médicaux, mais combien ne m'ont-ils pas partagé leur souffrance due, le plus souvent, à des problèmes relationnels et affectifs :

- « Cela fait trente ans que je n'ai plus parlé à ma fille. »
- « Le plus dur, ce n'est pas la maladie mais la mauvaise entente avec ma femme. »
- « J'ai perdu un fils. »

Si toutes ces souffrances relationnelles s'expriment, c'est parce que la relation est, pour les humains, fondamentale et essentielle. Nous sommes des êtres relationnels. Et pour le croyant, ce qui fonde l'appel qui le relie aux autres, c'est qu'il est lui-même relié au Dieu des vivants, ce Dieu d'Isaac, de Jacob, de chacun de nous. Quand tous les liens humains se fragilisent ou échouent, quand ils deviennent porteurs de mort, il reste le plus fondamental : celui qui nous relie à la vie qui nous nomme et nous appelle. Alors, nous pouvons, à nouveau, oser la confiance, échanger une parole qui construit.

C'est pourquoi nous pouvons laisser de côté nos questions et nos représentations sur l'au-delà pour nous pencher sur cette espérance plus dynamique et plus active, ici bas, sur notre terre : vivre la vie comme relation.

Qu'est-ce que vivre ? C'est rester ouvert à la parole de l'autre. Si Dieu est Parole, alors nous sommes déjà entrés dans une vie qui ne connaîtra pas la mort puisque, à tout jamais, Dieu est le Dieu qui me parle et se lie de parole avec moi.

Comment réinsérer du lien ici-bas ?

Comment nous appeler les uns les autres pour faire advenir des sujets, des hommes et des femmes *magnifiés* ?

Et est-ce que Jésus n'a jamais dit autre chose dès le début de l'Évangile de Marc : « Le Royaume de Dieu est tout proche » ? C'est-à-dire l'avènement d'un nouveau type de relations.

Oh ! c'est facile, d'être religieux et d'attendre le Royaume pour après. Toutes les religions vendent de la consolation. C'est leur fonds de commerce. Mais l'Évangile nous dit que le Royaume, celui du Dieu d'Abraham, d'Isaac et de Jacob et… le tien, est à portée de main, de parole ; à portée de tendresse, de cœur, de chair.

Ce Royaume de Dieu, dès maintenant, est une espérance à réaliser et à vivre.

L'espérance porte du fruit

Fr. Philippe Cochinaux, o.p.

Évangile selon Jean *15*, 11-17

Comme le Père m'a aimé, moi aussi je vous ai aimés. Demeurez dans mon amour. Si vous observez mes commandements, vous demeurerez dans mon amour, comme, en observant les commandements de mon Père, je demeure dans son amour. Je vous ai dit cela pour que ma joie soit en vous, et que votre joie soit parfaite. Voici mon commandement : Aimez-vous les uns les autres comme je vous ai aimés. Nul n'a d'amour plus grand que celui qui se dessaisit de sa vie pour ceux qu'il aime. Vous êtes mes amis si vous faites ce que je vous commande.

Un jour, un jeune novice remarqua que les moines copistes n'effectuaient pas leur travail à partir des œuvres originales. Étonné de cela, il fit constater au Père Abbé qu'une petite erreur commise dans la première copie risquait de se propager à toutes les autres. Le Père Abbé lui répondit : « Cela fait des siècles que nous procédons ainsi, mais ta remarque est pertinente, je vais, de ce pas, rechercher les originaux. » Il descend alors dans une cave voûtée où sont précieusement conservés les parchemins et les manuscrits. Il y passe la journée entière, puis la soirée, puis la nuit, sans plus donner signe de vie. Les heures s'écoulant, l'inquiétude grandit. Le novice descend à la cave et voit le Père Abbé complètement hagard, se cognant sans relâche la tête contre le mur de vieilles pierres. Le jeune moine se précipite et demande : « Père Abbé, que se passe-t-il donc ? » Et ce dernier de répondre : « Depuis des siècles nous sommes dans l'erreur : ce n'est pas "vœu de chasteté" (*castitas*), mais "vœu de charité" (*caritas*) ! »

Il ne s'agit pas ici de remettre en question le vœu de chasteté mais plutôt de prendre conscience que nous sommes appelés à vivre ce vœu de charité. Pour nous, croyants, ce vœu n'est pas optionnel. En effet, c'est ce que le Christ nous propose lorsqu'il clame ce commandement : « Aimez-vous les uns les autres comme je vous ai aimés. Nul n'a d'amour plus grand que celui qui se dessaisit de sa vie pour ceux qu'il aime. » Je ne sais pas pour vous, mais je dois bien reconnaître que sur cette terre, il y a des personnes avec lesquelles je me sens nettement moins en sympathie. Et prendre conscience que le Christ nous demande de nous aimer les uns les autres, peut nous conduire à une certaine forme de désespérance car nous ne sommes pas toujours capables d'aimer tous les êtres humains de la même manière. Or, l'amour est le moteur de nos existences. Tous, nous avons besoin d'aimer et d'être aimés. Et c'est vrai qu'il est étonnant, ce verbe *aimer*.

Premier constat, c'est un verbe vide, sans contenu, sans véritable définition puisque c'est à chacun de nous, dans les diverses relations que nous vivons, d'inventer notre manière d'aimer. Il n'y a donc pas de définition de l'amour qui convient à tout un chacun. Je vous propose celle de Timothy Radcliffe : « Aimer, c'est prendre le temps de le perdre ensemble. » Dans l'amour, le temps s'écoule et se vit autrement. Il n'y a donc pas de définition homogène de l'amour. Deuxièmement, *aimer* est le seul verbe de la langue française dont l'adverbe même positif diminue l'intensité du verbe : « Je t'aime beaucoup » dit tellement moins que : « Je t'aime ». Troisièmement, l'amour ne se divise pas. Ceux qui ont la chance d'être plusieurs fois parents auront sans doute dit à leur aîné, lors de la naissance de leur deuxième enfant : « Tu vas devoir partager tes jouets » ou « tu viens de perdre la moitié de ton patrimoine ! » Mais vous ne lui avez jamais dit : « Papa et maman t'aimeront dorénavant deux fois moins. » L'amour se multiplie en se donnant. Il signifie : « J'ai besoin de toi ; tu es important pour moi ; avec toi, je peux grandir. » Dieu nous a ainsi créé avant tout pour aimer et être aimé. Rien n'est plus important que l'amour offert et l'amour reçu. C'est la raison pour laquelle le Christ nous donne ce commandement de nous aimer les uns les autres et de découvrir qu'il n'y a pas de plus grand amour que de donner sa vie pour ceux que nous aimons.

Toutefois, il est important de souligner que la traduction française ne rend pas les nuances du texte original écrit en grec. En effet, contrairement au français, dans la langue du Nouveau Testament, il y a quatre verbes pour parler d'amour : *éran* pour exprimer la tendresse physique telle que nous pouvons la découvrir dans le Cantique des Cantiques et qui nous fait prendre conscience que l'érotisme fait partie du plan divin. Ici, la tendresse est quelque part l'expression de ce Dieu qui vit au cœur de l'humanité. Ensuite, nous avons *stèrgein* pour parler de l'amour familial, c'est-à-dire l'amour au sein d'une fratrie ou entre les parents et leurs enfants. Saint Paul utilise d'ailleurs ce verbe pour décrire les liens fraternels existant entre les membres des premières communautés chrétiennes. Vient après *philein* pour décrire l'amour de sentiment, l'amour d'amitié comme le mentionnent Aristote et saint Thomas d'Aquin. Il s'agit cette fois de cette alchimie qui existe entre deux êtres car l'amour est un mystère qui ne peut se résoudre. C'est l'élan du cœur. L'amour, tout comme la foi, est un mystère et nous ne pouvons entrer dans ce mystère qu'en le vivant. C'est donc en vivant l'amour que nous pouvons vivre le vœu de charité, c'est-à-dire l'amour du cœur. Et enfin, il y a le quatrième verbe, *agapan*, pour exprimer l'amour de respect. Cette forme d'amour demande un acte de la volonté. Il ne se réalise pas toujours naturellement. J'ai à le décider. Le verbe *agapan* ne se situe donc plus au niveau du cœur, mais bien de la tête. Nous avons à aimer tout être humain parce qu'il partage notre condition humaine. En termes contemporains, peut-être pourrait-on dire que le mot *agapè* désigne l'a -

mour de respect. Et dans la foi, respecter l'autre, c'est apprendre à poser un regard d'espérance sur la personne même lorsque je ne la comprends pas. Et le regard d'espérance que nous portons sur un être humain, c'est peut-être le regard de Dieu que nous portons sur lui. Il y a une part de mystère qui se dévoile dans ce rapport d'intimité avec Dieu.

Comme nous le constatons, la traduction française ne rend pas la richesse du discours du Christ. Quand Jésus dit : « Aimez-vous les uns les autres » ou « Aimez vos ennemis », il parle de l'amour de respect. En effet, dans la foi, nous sommes donc conviés à nous aimer de respect les uns les autres. Par contre, quand le Fils de Dieu dit : « Il n'y a pas de plus grand amour que de donner sa vie pour ceux que nous aimons », il désigne l'amour du cœur. Lorsque la comète de l'amour de sentiments vient frapper notre cœur, il n'y a pas de plus bel amour que de déposer nos sentiments dans l'écrin du cœur de l'être aimé. Tout cela nous permet alors de nous *tendresser*. « *Se tendresser* ? Mais ce verbe n'existe pas ! », penseront certains. Bien au contraire ! Vous ne le trouverez pas dans un dictionnaire. *Se tendresser* est un verbe qui se découvre en le vivant. Dans l'amour, je te tendresse et, si tu te laisses tendresser, tu me tendresses également. Nous nous porterons ainsi l'un l'autre dans cette forme d'amour qui nous étreindra. En ce sens, la tendresse est bien le parfum de l'Amour et donne à la symphonie de la vie une toute autre tonalité. Quand nous comprenons les nuances des verbes en grec, nous constatons que le commandement de l'amour n'est plus de l'ordre d'une utopie, de quelque chose d'idéalisant. Le commandement de l'amour est à la portée de tout un chacun. C'est la raison pour laquelle nous pouvons vivre ce vœu de charité avec nos forces, nos fragilités, notre personnalité. Et c'est avec ce que nous sommes que nous pouvons entrer dans cette relation pour vivre l'amour du prochain.

La question qui se pose à nous est de savoir qui est véritablement ce prochain à aimer ? Le Christ nous l'explique en racontant l'histoire du bon Samaritain qui lui permet de transformer le sens même de la question « qui est mon prochain ? » en « lequel des trois a été le prochain de l'homme qui était tombé entre les mains des bandits ? » Le prochain n'est donc pas quelqu'un d'extérieur à nous ; c'est nous, par nos actes et nos attitudes, qui devenons le prochain de l'autre. Comme si, pour Dieu, le prochain, c'est tout simplement celui de qui je me rapproche, celui de qui je me fais proche. Le prochain, c'est celui que moi je deviens lorsque je transforme mon regard vers celui qui au départ me semblait tellement éloigné de moi. Le Fils de Dieu nous laisse alors avec ces questions : dans ma vie, de qui me fais-je proche ? Dans ma vie, à qui est-ce que je donne le meilleur de moi-même ? En bref, dans ma vie, suis-je un bon prochain ?

En conclusion, nous pouvons affirmer que le Christ, en nous offrant ce commandement nouveau, n'abolit aucune loi mais il en fait quelque chose de merveilleux : il l'inscrit dans le cœur de chaque être humain. Il nous invite à vivre le passage de l'amour de la règle à la règle de l'amour. Dieu attend de nous que nous vivions ce commandement de l'amour, que nous soyons capables de vivre à la dimension de l'Amour qui nous est donné. Apprenons alors à prendre conscience que nous sommes tous des être aimés de Dieu et forts de cette conviction et de cette espérance que Dieu est en chacun de nous et qu'il nous aime, nous pouvons avoir les forces nécessaires pour offrir des regards d'amour, ou simplement des regards d'amour de respect vis-à-vis des autres, même vis-à-vis de celles et ceux avec qui nous nous sentons moins en sympathie.

Puissions-nous chacun, par ce vœu de charité, devenir des faiseurs d'amour, des bienfaiteurs de tendresse, là où nous sommes. Que l'amour de Dieu puisse à jamais être vécu par nous et que nous devenions pour l'éternité, dans l'amour, contagieux de Dieu. Telle est l'espérance des enfants du Père, dans le Fils et par l'Esprit.

L'espérance est talentueuse

Fr. Didier Croonenberghs, o.p.

Évangile selon Matthieu *25*, 14-30

« Il en va comme d'un homme qui, partant en voyage, appela ses serviteurs et leur confia ses biens. À l'un il remit cinq talents, à un autre deux, à un autre un seul, à chacun selon ses capacités ; puis il partit. Aussitôt celui qui avait reçu les cinq talents s'en alla les faire valoir et en gagna cinq autres. De même celui des deux talents en gagna deux autres. Mais celui qui n'en avait reçu qu'un s'en alla creuser un trou dans la terre et y cacha l'argent de son maître. Longtemps après, arrive le maître de ces serviteurs, et il règle ses comptes avec eux. Celui qui avait reçu les cinq talents s'avança et en présenta cinq autres, en disant : « Maître, tu m'avais confié cinq talents ; voici cinq autres talents que j'ai gagnés. » Son maître lui dit : « C'est bien, bon et fidèle serviteur, tu as été fidèle en peu de choses, sur beaucoup je t'établirai ; viens te réjouir avec ton maître. » Celui des deux talents s'avança à son tour et dit : « Maître, tu m'avais confié deux talents ; voici deux autres talents que j'ai gagnés. » Son maître lui dit : « C'est bien, bon et fidèle serviteur, tu as été fidèle en peu de choses, sur beaucoup je t'établirai ; viens te réjouir avec ton maître. » S'avançant à son tour, celui qui avait reçu un seul talent dit : « Maître, je savais que tu es un homme dur : tu moissonnes où tu n'as pas semé, tu ramasses où tu n'as pas répandu ;

par peur, je suis allé cacher ton talent dans la terre : le voici, tu as ton bien. » Mais son maître lui répondit : « Mauvais serviteur, timoré ! Tu savais que je moissonne où je n'ai pas semé et que je ramasse où je n'ai rien répandu. Il te fallait donc placer mon argent chez les banquiers : à mon retour, j'aurais recouvré mon bien avec un intérêt. Retirez-lui donc son talent et donnez-le à celui qui a les dix talents. Car à tout homme qui a, l'on donnera et il sera dans la surabondance ; mais à celui qui n'a pas, même ce qu'il a lui sera retiré. Quant à ce serviteur bon à rien, jetez-le dans les ténèbres du dehors : là seront les pleurs et les grincements de dents. »

Vous ne rêvez pas, c'est bien l'Évangile que j'ai choisi pour vous parler de l'espérance. En superficie, cette parabole des talents n'est pas loin de nous présenter un Dieu diabolique ne prêtant qu'aux riches, cautionnant la dure réalité de notre monde dans lequel les riches sont toujours plus riches et les pauvres toujours plus pauvres. Voilà donc un Évangile dont les conséquences sont apparemment surréalistes et dont l'absurdité est ironiquement soulignée dans la première séquence du film *la Voix lactée*, de Luis Buñuel. Cette scène nous raconte l'histoire de deux pèlerins sur le chemin de Compostelle. Sur la route, ils tombent nez à nez avec un mystérieux personnage à qui ils demandent un peu d'argent et du pain. Curieusement, l'inconnu leur répond par une question et leur demande s'ils ont un peu d'argent avec eux. À la fin de leur discussion, le mystérieux personnage donne seulement quelques pièces au pèlerin qui avait de l'argent avec lui, mais laisse l'autre sans rien en lui lançant ironiquement la conclusion de la parabole des talents « à tout homme qui a, l'on donnera et il sera dans la surabondance ; mais à celui qui n'a pas, même ce qu'il a lui sera retiré ». Pouvons-nous perdre ce que nous n'avons pas ? Quelle divine ironie ! Elle nous invite à une autre lecture de la parabole des talents que celle de la simple addition et accumulation des richesses personnelles.

En effet, ce n'est pas une lecture « chrématistique » qu'il faut donner à la parabole des talents. La chrématistique est l'art d'accumuler des richesses. Aborder cette parabole de la sorte ne peut qu'amener une conclusion diabolique : comme s'il fallait être « bien né » et avoir beaucoup reçu pour être ultimement dans l'abondance ! L'Évangile nous montre par l'absurde que — qui que nous soyons — nous avons tous du talent. Nous avons du prix aux yeux de Dieu et au moins un talent, le plus précieux, celui de la vie. Bien entendu, derrière les talents de l'Évangile, il y a également tous les dons reçus (*charisma*), les aptitudes ou les capacités personnelles. Néanmoins, le talent le plus important et peut-être le plus difficile à faire fructifier reste celui de la Vie. Les aléas de nos existences nous montrent que ce premier talent est parfois le premier à être enfoui. Pour que ce talent soit vraiment vécu en abondance, il doit être perçu comme un véritable don. Comme l'écrivait Gustave Flaubert, pour avoir du talent, il faut d'abord être convaincu qu'on en possède. Malheureusement, nous pouvons être traversés par cette fâcheuse tendance à voir d'abord les talents des autres avant les nôtres.

Au début de la parabole, le maître s'en va. Dieu nous crée en se retirant. Il nous offre cette merveilleuse liberté nécessaire à notre épanouissement. Elle nous est indispensable pour découvrir que ce qui nous est donné est un don véritable et non un prêt pour lequel il faudrait ultimement rendre des comptes. Pour cela, il faut que Dieu s'efface originellement pour se révéler dans la discrétion et la médiation.

Alors, qui sommes-nous dans cette parabole puisqu'il nous faut nous y incorporer et nous y identifier ? Il me semble que nous pouvons nous identifier aux trois serviteurs à la fois. En effet, il y a parfois des parties qui stagnent en nous, des talents en jachère que nous n'acceptons pas et que nous avons envie de rendre à leur propriétaire : « Voilà ton talent. » Le dernier serviteur est l'exemple même de ceux qui sont incapables de faire grandir ce qu'ils ont reçu. Pour choisir la vie et accepter ainsi notre unique talent, il nous faut donc accepter le non-voulu, ce que nous n'avons pas choisi pour nous-mêmes : notre culture, nos parents, nos relations. Sur ce chemin, nous pouvons lutter de manière adolescente et refuser ce que nous sommes, mais nous pouvons également vouloir le non voulu, c'est-à-dire découvrir un chemin extraordinaire de fécondité. Ne pas voir le talent de la vie comme un don pour soi-même amène à le voir comme un dû pour l'autre. Dans la parabole, nous sommes les trois serviteurs à la fois : nous avons des parties qui stagnent en nous, des talents que nous enfouissons dans le sol de notre timidité, mais il y a également tous ces espaces qui sont en nous dans des rapports de fécondité. Dans l'espérance, nous pouvons croire qu'il y a toujours un relèvement possible : une entrée dans la joie de la fructification. Une telle fécondité est toujours un horizon pour l'humain, quel que soit son point de départ. Paradoxalement, cependant, cette parabole nous invite à découvrir que nous sommes tous sur pied d'égalité. Alors que l'accumulation amène une hiérarchie entre les humains, ceux ayant beaucoup de talents se hissant en haut de l'échelle, la fructification ne se mesure pas : nous sommes tous égaux dans la manière avec laquelle nous pouvons entrer dans la joie, c'est-à-dire entrer dans la fructification et non dans l'accumulation.

Découvrir cette fécondité dans sa vie, c'est passer un cap, celui de l'espérance !

Le célèbre cap de Bonne-Espérance, en Afrique du Sud, est ce point où les navires arrêtent de descendre vers le sud et commencent à « remonter ». Lorsque nous avons l'impression que tout est dans une impasse, que le chemin est sans issue ou que nous ne pouvons que descendre, il est des moments où nous pouvons découvrir qu'une fécondité reste possible. Cette parabole nous le rappelle et nous montre que même dans l'humanité la plus blessée, il y a toujours une fécondité en germe et, partant, de quoi espérer. C'est cela, « oser l'espérance » : passer ce cap existentiel où nous n'enfouissons plus la vie dans la terre de notre humilité mais où nous commençons à mettre le cap vers le haut. Nous commençons à croître progressivement, à croire en nous, à grandir lentement, à découvrir progressivement que tout ce qui semblait noir peut soudain devenir coloré. Nous sommes tous égaux, non par les talents reçus mais par cette capacité à les donner.

« Chacun selon ses capacités. » Voilà une approche bien dominicaine !

Les Dominicains ne sont pas des religieux chez qui les règles sont appliquées de la même manière pour tous, car nous n'avons pas les même talents ! C'est pourquoi les dominicains ont dès l'origine suivi la règle de saint Augustin, qui donne à chacun selon ses besoins. Les constitutions dominicaines prévoient d'ailleurs ceci : « Que tout soit commun parmi vous. Votre supérieur ne donnera pas à tous de la même manière, parce que tous vous n'avez pas des forces égales, mais plutôt à chacun selon ses besoins. »

Puisque ce chemin de fructification nous prend chacun là où nous sommes — avec nos désirs, nos besoins, nos manques et nos fragilités — cette parabole est une extraordinaire parole d'espérance ! Certes, il y a toujours des prophètes de la désespérance, mais voyons avant tout les prophètes de l'espérance : ces passeurs qui font inconditionnellement confiance en la fécondité. D'une certaine manière, l'espérance consiste à gagner — à faire nôtre — ce que nous avons reçu. Ne passons pas notre temps à essayer d'acquérir les dons des autres, mais devenons ce que nous sommes, ce à quoi la vie nous appelle et cultivons ce que nous avons. La Vie, comprise comme un don sans retour, amène toujours de la relation, c'est-à-dire de la réciprocité. Dans la parabole, les cinq talents en amènent cinq autres, comme les cinq doigts d'une main, lorsqu'elle est tendue et offerte, rencontrent les cinq doigts d'une autre main. Deux talents en amènent deux autres, comme des yeux aimants peuvent aussi en rencontrer d'autres.

Une ultime clé est donnée à la fin de la parabole. Nous sommes invités à ne pas avoir peur. Bien entendu, nous sommes tous, à des degrés divers, envahis par des peurs et des phobies. Prenez les peurs qui commencent par la lettre *a* : peur de l'autre, des araignées, de l'avion, d'être adulte, de devenir âgé… « J'ai eu peur et je me suis caché », lit-on dans la Genèse. La peur originelle est le poison de l'espérance, mais la confiance, son antidote. Le diagnostic est simple : la peur consiste à ne pas prendre la vie comme un don. Accueillons alors les événements heureux qui nous arrivent comme autant de dons et réjouissons-nous de la profondeur de cette parabole de l'espérance : nous sommes riches et nous avons à le devenir davantage !

L'espérance ne condamne pas

Fr. Philippe Cochinaux, o.p.

Évangile selon Jean *8*, 1-11

Jésus regagna le mont des Oliviers. Dès le point du jour, il revint au Temple et, comme tout le peuple venait à lui, il s'assit et se mit à enseigner. Les scribes et les pharisiens amenèrent alors une femme qu'on avait surprise en adultère et ils la placèrent au milieu du groupe. « Maître, lui dirent-ils, cette femme a été prise en flagrant délit d'adultère. Dans la loi, Moïse nous a prescrit de lapider ces femmes-là. Et toi, qu'en dis-tu ? » Ils parlaient ainsi dans l'intention de lui tendre un piège, pour avoir de quoi l'accuser. Mais Jésus se baissant, se mit à tracer du doigt des traits sur le sol. Comme ils continuaient à lui poser des questions, Jésus se redressa et leur dit : « Que celui d'entre vous qui n'a jamais péché, lui jette la première pierre. » Et s'inclinant à nouveau, il se remit à tracer des traits sur le sol. Après avoir entendu ces paroles, ils se retirèrent l'un après l'autre, à commencer par les plus âgés et Jésus resta seul. Comme la femme était toujours là, au milieu du cercle, Jésus se redressa et lui dit : « Femme, où sont-ils donc ? Personne ne t'a condamnée ? » Elle répondit : « Personne, Seigneur. » et Jésus lui dit : « Moi non plus, je ne te condamne pas : va, et désormais ne pèche plus. »

L'Institut national des statistiques est formel : ne voyagez pas en automobile car elle cause plus de 20 % des accidents mortels ; ne restez pas à la maison car 17 % des accidents y ont lieu ; ne prenez pas l'avion qui cause 16 % des accidents ; ne traversez pas la rue puisque 14 % des accidents touchent les piétons. Par contre, heureux sommes-nous chrétiens puisque seulement 0,000001 % des accidents arrivent dans une église : n'hésitez plus à entrer dans un tel lieu ! Non seulement ce n'est pas dangereux, mais en plus, l'église est le lieu par excellence de la vie où des communautés se rassemblent pour célébrer l'Évangile de la vie. Et cet Évangile nous rappelle, dans l'épisode de la femme adultère, que la foi commence par une rencontre au cœur de nos vies.

La foi, ce n'est donc pas d'abord des dogmes, de la théologie ou du catéchisme, c'est avant tout une rencontre avec le Christ qui se laisse lui-même rencontrer au cœur de nos vies. Cette femme a accepté cette rencontre et le Fils de Dieu l'a également accueillie là où elle en était sur son propre chemin. La femme adultère, ce n'est donc pas une histoire de morale, mais plutôt le récit d'une rencontre où le Christ nous invite aujourd'hui encore à rejeter l'*émocratie* qui peut aisément conduire à diverses formes de violences. Nous avons la chance de vivre dans une démocratie et heureux sommes-nous ! Mais il suffit parfois d'ouvrir un journal, d'écouter la radio ou encore d'allumer la télévision pour découvrir à quel point l'Évangile est au cœur de notre actualité. En tant que baptisés, nous nous devons de dénoncer le piège dans lequel sont tombés certains décideurs publics et surtout la vague sentimentale sur laquelle de nombreux médias ont souvent décidé de surfer. Certains d'entre nous ont peut-être eu le sentiment que notre pays glissait de la démocratie vers une nouvelle forme d'émocratie. Si la démocratie est le pouvoir par le peuple, l'émocratie quant à elle est la mise en place d'un système où les émotions prennent le dessus. Ces dernières iront jusqu'à malmener notre raison. Dans une émocratie, il n'y a plus de place pour la réflexion. Sentiments et émotions ont toujours raison. Les limites du sensé sautent et les frontières du raisonnable sont abattues. L'émocratie conduit ainsi insidieusement à proposer une vision faussée de notre humanité. Nous ne sommes ni tout blanc, ni tout noir.

L'ambiguïté est constitutive de notre réalité même si elle a des côtés aliénants. En effet, il y a en chacun de nous des zones d'ombre. N'oublions jamais que seule la lumière nous permet de percevoir l'ombre. Il y a en l'être humain des lézardes, des blessures, des fissures. Puissions-nous faire nôtre cette béatitude : « Heureux les fêlés, car ils laissent passer la lumière. » Acceptons notre inachèvement. Nous sommes des êtres en devenir. Par le fait que tous, nous sommes des êtres inachevés mais en voie de réalisation et d'accomplissement, nous ne sommes pas encore à même de vivre de manière continue à la hauteur des exigences du Nouveau Testament. Dans la foi, notre cœur ne peut alors se laisser déborder par nos émotions, mais il doit plutôt se laisser attendrir par notre douceur et notre tendresse. Ces dernières se déclinent dans la manière de vivre nos vies et ont toujours comme visée le bien-être de celles et ceux de qui nous nous faisons proches. Dieu nous prend là où nous sommes sur nos routes et il nous accepte tels que nous sommes. Peut-être alors pouvons-nous revisiter cette phrase de l'épître de saint Paul aux Corinthiens quand il nous dit : « Lorsque je suis faible, c'est alors que je suis fort. » C'est au cœur de nos faiblesses que Dieu vient se révéler. Il vient nous dire à quel point tout être humain est merveilleux. Bien sûr, nous vivons parfois des errances et nous trébuchons mais le Christ est toujours là pour nous relever, pour nous inviter à nous remettre debout sur le chemin de nos vies. C'est cela que le Christ dit à cette femme : « Je ne te condamne pas, va et désormais ne pèche plus. » Voilà le sens même du salut !

Mais qu'est-ce que cela veut dire le salut ou être sauvé ? La réponse se trouve dans un verset de l'Évangile de saint Jean. Nous devrions tous le connaître par cœur : « Je suis venu pour que les hommes aient la vie et qu'ils l'aient en abondance » (Jean *10*, 10). Oui, tous nous sommes appelés à l'abondance de la vie. Telle est notre espérance. Tel est le sens de notre destinée. S'il est vrai qu'en français, destin et destinée sont des synonymes, il n'en va pas de même en théologie où le destin se subit et où la destinée s'accomplit. Nous participons à l'accomplissement de notre destinée par les actes que nous posons. En ce sens, nous participons à notre salut. Être sauvé signifie ainsi s'accomplir, se réaliser, s'épanouir. Voilà le sens premier du salut.

Le second sens est que nous avons également à être sauvés de tout ce qui nous empêche de devenir nous-mêmes. Ce sens-ci est second même si, au cours des siècles, c'est cette compréhension qui a dominé les débats. Il est donc essentiel de retrouver le sens premier du salut comme salut d'accomplissement. Qu'est-ce à dire ? Reprenons cette parabole contemporaine : imaginez-vous un instant qu'à partir de demain votre banque vous offre chaque matin la somme de 86 400 euros. Cette somme devra être dépensée durant la journée. Vous pouvez l'utiliser pour vos propres besoins ou offrir des cadeaux à d'autres. En tout cas, il n'est pas question de la transférer sur autre compte ou de la prêter. Elle doit être dépensée. Et tout l'argent que vous n'aurez pas dépensé sera perdu à jamais mais le matin suivant, vous aurez à nouveau 86 400 euros qui vous attendent sur votre compte. De plus, vous fait remarquer la banque, elle peut interrompre ce cadeau quand elle le veut, sans vous prévenir. Et jamais plus vous ne recevrez une telle aubaine. Chacun d'entre nous se met évidemment à rêver et à faire de superbes projets avec une telle banque imaginaire. Cette banque n'est pas si magique que cela, écrit Marc Lévy dans son livre *Et si c'était vrai...* Cette banque, nous l'avons tous, c'est la banque du temps. Chaque journée qu'il nous est offert de vivre est créditée de 86 400 secondes. Ce temps, je le passe pour moi ou avec les autres. Et tout temps passé est dépassé à jamais.

La vie, c'est le salut promis par l'Évangile, l'abondance de la vie, à partir de ce que nous sommes, à partir de nos talents reçus, à partir des gestes de douceur que nous pouvons nous offrir les uns aux autres. Le Christ nous prend là où nous sommes et nous invite à nous relever pour avancer sur le chemin de nos destinées. Alors, si nous croyons que la foi peut donner les couleurs à l'arc en ciel aussi belles que celles de l'arche d'alliance, nous pourrons vivre notre vie d'une manière toute différente et de manière beaucoup plus espérante. Mais cette foi qui est en nous, ce salut que Dieu veut nous offrir implique parfois une démarche personnelle, celle d'avoir à nous relever de certains de nos égarements. Pour comprendre le récit de la femme adultère, le salut passe aussi par cette dimension fondamentale qu'est le pardon.

Pardonner, ce n'est pas oublier. Non, pardonner est d'abord un acte de souvenir. Ce dernier est devenu léger car nous nous sommes libérés de cette étreinte qui nous empoisonnait l'existence. Nous nous sommes égalment affranchis de cette colère qui naissait en nous chaque fois que nous pensions à l'offense. Pardonner nous permet également de retrouver l'autre, tout aimé qu'il soit, dans toutes les dimensions de sa personne, en refusant de l'identifier à l'acte blessant. Le pardon est humain. Le pardon est divin. Dieu ne nous enferme jamais dans nos erreurs. Il nous donne toujours une nouvelle chance. Repartons de notre expérience personnelle afin de mieux comprendre les autres. C'est vrai, dans la vie, il peut nous arriver de trébucher, de nous tromper, de nous éloigner de nous-mêmes. Un danger nous menace, celui de nous condamner à jamais comme si nous étions réduits à notre faute alors que nous valons tellement plus que cette dernière. Pour dépasser une telle attitude, reconnaissons que Dieu est plus grand que notre cœur et qu'il nous donne toujours une nouvelle chance. Si c'est vrai que Dieu nous offre cela, nous sommes conviés à faire de même vis-à-vis de nos contemporains. Tout le monde fait des erreurs. Ne les craignons pas, elles peuvent nous faire grandir, avancer tant que nous sommes à même de les reconnaître. Mais il est vrai que certaines trahisons peuvent également nous abimer. Nous sommes alors pris d'un désir d'enfermer l'autre dans sa faute. Nous risquons alors d'être trop catégoriques, trop durs dans nos jugements. Il y aura lieu de laisser le temps agir. Par ce temps laissé au temps, nous laissons en nous place à l'indulgence, au pardon, voire à la réconciliation. Nous laissons à l'autre une nouvelle chance, peut-être d'ailleurs en espérant que celui-ci aura la même attitude à notre égard. Cette deuxième chance, nous pouvons parfois l'offrir simplement mais il arrive que nous ayons besoin de l'aide et de la force de Dieu pour nous permettre de pardonner à notre tour. Le pardon devient une invitation à ce que l'offenseur change son identité et retrouve celle qu'il avait à ses yeux avant l'acte qu'il a perpétré. Le pardon dans sa dimension altruiste est sans doute le sens qui lui est le plus souvent attribué. Il s'agit du pardon offert à l'offenseur qui pose un acte d'humilité, reconnaît sa faute et demande le pardon. Et pardonner, c'est en quelque sorte lui dire : « Tu vaux mieux que l'offense qui a été commise. Je te libère de cette dernière, de ce poids qui t'empêche d'avancer, pour que tu puisses à nouveau marcher debout sur le chemin de la vie. » L'offenseur retrouve en lui le meilleur de lui-même. En ce sens, l'acte de pardon est un acte d'amour qui permet à l'autre de se libérer des entraves dans lesquelles il s'était enfermé. L'offensé en agissant de la sorte refuse que l'offenseur s'emmure dans un acte ou une parole répréhensibles mais s'ouvre à nouveau vers un futur plein d'espérance. Par le pardon offert, il y a une forme de passage de la mort à la vie.

Mais dans le pardon, il y a aussi une autre dimension, un peu oubliée au fil des siècles : c'est la dimension personnelle du pardon qui concerne autant l'offenseur que l'offensé. Alors que l'offenseur a été pardonné, il peut arriver que cela ne suffise pas. De même, du côté de l'offensé, même s'il a pardonné, il ressent encore de la tristesse au fond de lui. Il doit arriver à pouvoir dire : « Je ne te pardonne plus pour toi mais je te pardonne pour moi, pour retrouver ma liberté, ma sérénité et ma paix intérieure. » Cette fois, l'offensé ne pardonne plus à l'offenseur pour le bien de ce dernier mais parce que vit en lui un désir sincère de retrouver sa propre paix. À la limite, l'offensé peut n'avoir que faire de son offenseur soit parce que celui-ci ne reconnaît pas sa faute ou vit très loin ou encore est décédé et le pardon n'est plus possible dans sa dimension altruiste. Grâce à cette dimension du pardon personnel, un pardon est encore et toujours possible et ce, même en dehors de toute considération vis-à-vis de l'offenseur. Dans ce cas, l'offensé décide de vivre le pardon d'abord pour lui-même. Il veut se libérer de ce nœud de colère et de tristesse qui lui empoisonne l'existence. Chaque fois qu'il pense à l'événement douloureux ou à l'individu qui l'a blessé, il sent monter en lui ces sentiments négatifs qui l'emprisonnent dans son passé. Il veut se libérer de l'emprise que l'offenseur ou l'offense a sur ses souvenirs. Vivre le pardon est signe d'une volonté de reprendre sa liberté. Cela commence donc par un acte de la volonté. En agissant de la sorte, nous ne laissons plus à l'autre la possibilité d'exercer un tel pouvoir sur notre existence. Les gens ou les événements n'ont-ils pas le pouvoir que nous leur donnons ? En d'autres termes, pardonner, c'est se libérer de toutes ces entraves que nous intégrons dans notre histoire pour à nouveau vivre le présent en vue d'un futur toujours à construire.

L'histoire de la femme adultère devient ainsi l'histoire d'une liberté recouvrée. Quand le Christ la relève et l'invite à partir à la recherche du meilleur d'elle-même, c'est pour qu'elle puisse à nouveau marcher sur le chemin de sa vie. Et peut-être, elle comme nous, avons-nous besoin de nous pardonner à nous-mêmes ! Cette dimension personnelle du pardon est le signe d'une volonté de reprendre sa liberté. Et le temps du pardon prend parfois le temps d'une vie parce que le pardon est éminemment personnel. C'est moi et moi seul qui décide ce que je pardonne, à qui je pardonne et quand je pardonne. C'est vrai que, par rapport à certaines situations douloureuses de la vie, cela prend du temps. Mais le Christ est là pour nous inviter à ne jamais perdre espoir, à nous dire qu'il y a toujours un possible qui nous est proposé dans ce qu'il nous est donné à vivre. Le Christ ne juge pas et ne condamne pas mais il nous rejoint là où nous sommes dans nos vies. N'y a-t-il pas une femme adultère qui vit ou sommeille en chacun d'entre nous ? Ne la craignons pas, rejoignons-la, car c'est par elle que nous pouvons aussi partir à la rencontre du Christ. Il nous accompagne dans la vie ; il rejette quelque part l'idée que toute colère puisse venir envenimer nos existences. Cette foi en Dieu nous ouvre ainsi un chemin d'espérance, un chemin de liberté, un chemin merveilleux où il nous est possible d'écrire nos vies avec l'encre de l'amour parce que, un jour, nous avons pu rencontrer Jésus Christ.

En conclusion, nous sommes conviés aujourd'hui, avec une certaine urgence, à veiller à ce que nos regards, nos paroles et nos actes soient toujours signes de la foi qui nous anime, de l'espérance qui donne sens à nos existences et de l'amour qui nous ouvre le chemin de l'Évangile. Soyons reconnaissants pour notre démocratie, dénonçons toutes les émocraties et osons mettre en place une cardiocratie, c'est-à-dire une société fondée sur le cœur de l'Évangile, c'est-à-dire une société où l'amour guide nos vies. La *cardiocratie* sera ainsi la mise en œuvre du Royaume de Dieu au cœur de notre humanité.

Envoi

Fr. Dominique Collin, o.p.

Apocalypse *21*, 1-5

> *Alors je vis un ciel nouveau et une terre nouvelle, car le premier ciel et la première terre ont disparu et la mer n'est plus. Et la cité sainte, la Jérusalem nouvelle, je la vis qui descendait du ciel, d'auprès de Dieu, comme une épouse qui s'est parée pour son époux. Et j'entendis, venant du trône, une voix forte qui disait : Voici la demeure de Dieu avec les hommes. Il demeurera avec eux. Ils seront ses peuples et lui sera le « Dieu qui est avec eux. » Il essuiera toute larme de leurs yeux, la mort ne sera plus. Il n'y aura plus de deuil, ni cri, ni souffrance, car le monde ancien a disparu. Et celui qui siège sur le trône dit : Voici, je fais toutes choses nouvelles. Puis il dit : « Écris : Ces paroles sont certaines et véridiques. »*

L'Apocalypse n'est pas un livre terrifiant rempli d'images horribles et violentes. Il n'envisage pas la « fin » du monde en termes de catastrophes « apocalyptiques », mais comme dévoilement d'une espérance invincible. Oui, l'Apocalypse est, par excellence, *le livre de l'espérance.*

En ces temps où l'avenir paraît particulièrement plombé, quelle trouée nous offrira son horizon de possibles ?

Les idéologies sont mortes au XXe siècle dans une furie chaotique et destructrice : guerres mondiales, génocides, violences barbares à grande échelle. Qui attend encore le « Grand Soir » ? Nous l'avons dit, les chrétiens ont remisé pour « après » leur espérance, celle-ci ne vaudrait que passée la mort. Quelle hérésie plus anti-chrétienne avons-nous inventée là ? La vie ne vaudrait-elle pas d'être vécue pleinement maintenant pour que le salut ne concerne que la mort ? Vivre la vie, voilà l'enjeu le plus important, le plus difficile aussi, pour les vivants que nous sommes. Le défi auquel nous sommes tous amenés est celui-ci : serons-nous des vivants lorsque la mort nous cueillera un jour ou serons-nous déjà devenus comme des morts-vivants, des zombies ? Notre liberté profonde, spirituelle (qu'en langage biblique on appelle la vie éternelle) est menacée de somnambulisme qui consiste pour beaucoup d'entre nous à vivre à moitié, comme dans un sommeil, tout en nous occupant machinalement de notre existence. Avant peut-être de sombrer dans un sommeil définitif... Mais si la mort nous trouve « vivants », comment fera-t-elle pour vaincre cette force de vie ? La mort ne serait-elle pas dès lors à considérer comme la meilleur chose qui puisse, un jour et le plus tard possible, nous arriver ? Expliquons-nous. Sans la mort, nous serions peut-être tentés de ne pas... vivre. De remettre au lendemain notre élan vital, de procrastiner notre désir. Or, puisque la mort peut fondre sur nous à tout moment, chaque instant est l'occasion d'une rencontre avec la vie. Épouser la vie « comme une épouse qui s'est parée pour son époux » dit le passage de l'Apocalypse. On pourrait dire qu'il nous faut être *parés pour la vie*. Alors, dit encore le texte, « la mort ne sera plus ». Quel pouvoir pourrait-elle avoir contre cette puissance de vie à laquelle nous apporterions, chaque jour, notre oui le plus cher, le plus joyeux, le plus *vif* ?

Grâce à ce *oui* à la vie, même nos blessures profondes, nos échecs et nos désillusions peuvent trouver le lieu de leur métamorphose : nos pauvretés accueillent une parole qui relève, nos captivités intérieures sont déliées, nos aveuglements retrouvent la vue et nos aliénations redécouvrent la liberté (Cf. Luc *4*, 18-19, reprenant le prophète Isaïe *61*, 1-2).

« Voici, je fais toutes choses nouvelles. » *Voici* signifie « vois ici », regarde bien ici et non pas dans les fantasmagories ou les illusions, dans un arrière-monde, un paradis fusionnel qui serait comme une régression dans le ventre de ta mère. Ouvre bien tes yeux ici et vois : les choses sont déjà nouvelles parce que je les fais sortir de la catégorie de l'utile, de l'intérêt et de la marchandise. Si tu comptes sur tes propres forces, tu te découvriras vite impuissant. Mais si tu mets ta confiance en moi, le Dieu des possibles, alors tu verras ton avenir poindre comme l'aurore. N'attends pas la fin du monde pour voir qu'un monde est déjà mort et que se lève déjà le monde nouveau de la gratuité et de l'échange hors commerce, de la logique du don culminant dans le par-don.

Ne fais pas le cynique ou l'indifférent, l'optimiste béat qui ne voit pas ce qu'il faut voir : le pardon *dans* la violence, la fraternité *dans* les conflits, la joie *dans* les larmes, l'espérance *dans* la désespérance. Ne deviens pas non plus de cette espèce de pessimistes, de ces prophètes de malheur, de ces acariâtres qui râlent sur tout, qui geignent à longueur de vie. « Vois ici » : ne louche pas sur ton voisin et regarde bien, de cette vue « selon les choses de Dieu » (Marc *8*, 33) : le Monde nouveau est en toi, il demande que tu y descendes, que tu le rejoignes de tout ton cœur, de toute ta force, de toute ta vie. Bien sûr, en y descendant, tu rencontreras ta nudité, ton dépouillement, tu t'y verras sans les masques et les oripeaux qui t'identifient aux yeux des autres et te donnent une « position » sociale. C'est peut-être cela, le « monde ancien » : les masques que nous portons et qui nous font croire — vaste comédie — que le monde est tel qu'il doit être. Nous singeons le monde en nous illusionnant les uns les autres. Nous travestissons la valeur en monnaie, la dignité en « *peopolisation* », la gratuité en *low-cost*, la solidarité en compétition, le bonheur en plaisirs furtifs, la joie en « éclate ». Il est temps que ce monde factice et cruel se déchire. Bas les masques et que l'on voie enfin ce « ciel nouveau » et cette « terre nouvelle » qui attendent d'être habités par les humains.

Alors, « vois ici » : chaque événement, chaque être, les plantes, les arbres, les animaux, le soleil et les étoiles, les sons et les lumières, tous les êtres humains te disent que la vie est bonne à vivre, qu'elle est une source inépuisable de tendresse et de paix.

« Vois ici » auquel répond le « Écris : ces paroles sont certaines et véridiques. » Les *versets apocalyptiques* sont des paroles, littéralement, « fidèles et véritables ». Paroles fidèles au sens de ce à quoi on peut accorder sa confiance, dire « Amen » (qui vient de l'hébreu *émounah* et signifie « l'adhérence par la confiance »). Les paroles de l'Écriture ne sont pas fiables parce qu'elles émaneraient d'une autorité qui les garantirait mais parce qu'elles se vérifient chez ceux qui les reçoivent.

Peut-être peut-on alors comprendre l'invitation de l'Apocalypse : « Écris ». Écrire l'espérance d'une parole fiable et qui se vérifie, la coucher sur le rouleau de nos vies pour qu'au jour où nous sommes « au bout du rouleau », nous puissions lire une parole qui embrase et relance (comme l'expérimentèrent les compagnons d'Emmaüs). « J'aime le jeu de mots de Lacan qui nous invite à *écroire* : en associant les verbes *écrire* et *croire*, Lacan montre bien que toute écriture est un acte de foi. Permettre à l'être humain d'écrire sa vie, de la créer, d'en faire son œuvre, comme un artisan ou un artiste. Sans écriture, la trame du quotidien est désespérément banale, insipide, révoltante parfois » (Dominique Collin, « Pourquoi lire la Bible ? » dans *RiveDieu* n° 5, p. 17).

Écrois pourrait être l'appel que l'espérance adresse à chacun : ne cesse pas d'y croire et *d'écroire*. Tu verras, ta vie n'a pas fini de s'écrire et de dérouler des possibles. D'autres lecteurs viendront y déchiffrer les signes qui leur permettront, à eux aussi, d'écrire de nouvelles pages, écrites à l'encre indélébile de l'espérance. Un jour, c'est Dieu lui-même qui fera la lecture de ce livre écrit par chacun d'entre nous : « Un livre fut ouvert : *le livre de vie* » (Apocalypse *20*, 12). Entre-temps, une page blanche reste à écrire…

Table des matières

Des mêmes auteurs

Dominique Collin

- *Mettre sa vie en paraboles. Pour un christianisme parabolique*, Namur, Fidélité, 2010.
- *La musique sacrée* (avec Dominique Lawalrée), Namur, Fidélité, coll. « Que penser de… ? » n° 77, 2010.

Philippe Cochinaux

- *Chemins vers le bonheur*, Namur et Paris, Fidélité et Salvator, 2005.
- *Le Corps*, Namur, Fidélité, Namur, coll. « Que penser de… ? » n° 65, 2005.
- *Fragments de bonheur*, Namur et Paris, Fidélité et Salvator, 2006.
- *Promesses de bonheur*, Namur et Paris, Fidélité et Salvator, 2007.
- *L'éthique*, Namur, Fidélité, coll. « Que penser de… ? » n° 71, 2008.

Achevé d'imprimer le 16 octobre 2012
sur les presses de l'imprimerie Bietlot, à 6060 Gilly (Belgique).